반도체와 함께한
30년

저자 이 원 재

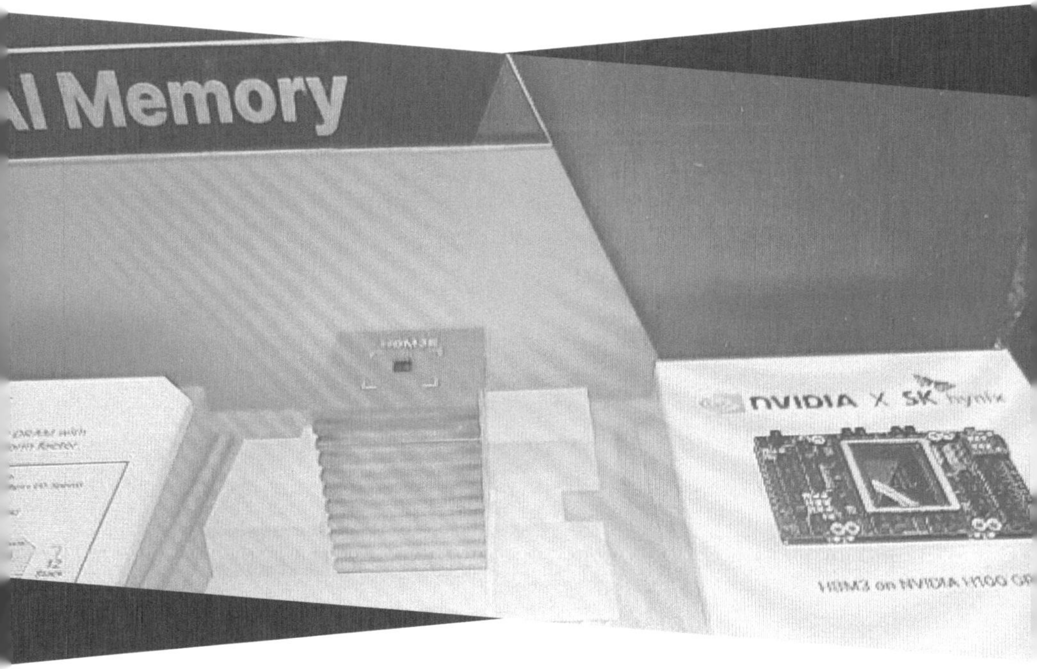

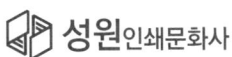
성원인쇄문화사

# 인 사 말

GREETINGS

喜壽(77세)의 나이에 소중했던 지난 시간을 되돌아 본다. 반도체 분야와 관련 협력업체에서 30년을 보내면서 반도체 Fab/패케지 그리고 반도체 중국 해외공장 건설과 마지막으로 LCD (Pannel/module) 분야에서 일해 온 내용을 중심으로 반도체 산업 현장에서 경험했던 이야기를 정리해서 남겨두는 것이 현재 반도체 종사하고 있거나 혹은 미래에 반도체 분야를 희망하는 후배들에게 지난 나의 경험담이 의미 있을 것 이라 생각되어 글을 쓰게 되었다.

걸어오는 길 반도체에 함께했던 분들과 가족 그 외의 친구 지인들과 서로의 마음을 나누고 싶다.

그리고 퇴직 후 강릉에 정착하게 된 계기가 되었던 것은 금강산, 백두산, 북유럽, 아프리카 여행을 하면서 자연과 함께 평화롭고 여유로운 삶을 확인하고 더욱 강렬하게 내 마음속에 자리하지 않았나 생각된다.

예로부터 예절과 문화가 공존하고 강과 바다가 그리고 소나무 숲이 함께 있는 예항의 도시 강릉에 정착하게 되었던 결정적 계기기 되었다.

글쓴이 이 원 재

프로필

PROFILE

- 韓國 Signetics (반도체) ································ 76년
- 三星電子 (반도체) ································ 78년
- 現代電子 (現 Sk하이닉스) ································ 86년
  - 勞動部 부설 노동 硏究院 수료
    (勞,使,政 최고위 課程)
- 中國 上海 (靑浦) 現代電子 有限 公司
  - 반도체공장 ································ 94년
- BOE 하이디스(현대 LCD) ································ 97년
  - 일본(日本) 도요다 자동차 연수
    (在庫 관리 看板 System)
- 江陵原州 大學院 수료 ································ 21년
  - 경제정책과학 대학원
- 江陵 폴리텍 大學 전임 강사 ································ 24년
  - 일 學習 竝行 課程

반도체와
함께한
30년

目次

1. 半導體 30年을 기억하며
2. 韓國 半導體의 發展史
3. HBM 半導體 製造 技術
4. 禮鄉의 도시 江陵에 둥지를 틀다

목 차

CONTENTS

1장 반도체 30년을 기억하며

꿈은 나를 변화 시켰다

1. 취직에 기쁜 마음은 안고(Sigkor) _ 11
2. 꿈을 갖었던 "삼성반도체"에 입사하다 _ 19
3. 현대전자 (반도체)로 새 출발하다 _ 29
4. 上海 현대전자 반도체 공장으로 발령나다 _ 57
5. 현대 LCD 신규 사업부로 전배되다 _ 64

2장 한국 반도체의 발전사

1. 반도체 용어 설명 _ 73
2. 해외 한국 반도체 진출 현황 _ 75
3. 한국 반도체 사업 진출 현황 _ 76
4. 한국 반도체 기업 중국 진출 현황 _ 79
5. 반도체후 공정(패케징) 현황 _ 80
6. 반도치 제조 공정 _ 81

목 차

CONTENTS

3장 HBM 반도체 제조 기술의 고찰

A. 반도체 기술탐구

1. TSV _ 87
2. TC Bonding _ 90
3. MR-MUF (mass reflow molded under fill) _ 93
4. MR-MUF 의 넥스트 레벨, 하이브리드 본딩 _ 97

B. HBM 반도체 발전 추세

1. LPDDRX 와 HBM4E 기술 현황 _ 104
2. HBM4E 기술 TREND _ 108
3. 넥스트 HBM _ 115

4장 예향의 도시 강릉에 둥지를 틀다

미지의 세계를 여행하다

1. 그리운 금강산을 가다 _ 119
2. 한국의 민족 얼이 깃든 백두산을 가다 _ 129
3. 북유럽 7박 9일긴 여행을 다니면서 _ 139
4. 아프리카에서 새로움을 찾다 _ 157
5. 퇴직후 삶의 환경을 그리다 _ 191

1장
반도체 30년을 기억하며

꿈은 나를 변화 시켰다

취직에 기쁜 마음은 안고
꿈을 갖었던 "삼성반도체"에 입사하다
현대전자 (반도체)로 새 출발하다
上海 현대전자 반도체 공장으로 발령나다
현대 LCD 신규 사업부로 전배되다

1
취직에 기쁜 마음은 안고(Sigkor)

현재 시그네틱스 공장

1 — 취직에 기쁜 마음은 안고

1975년 졸업과 동시에 학과 조교로 근무하게 되었으며 이때 조교 월급이 15,000 원이었다.

조교업무는 학생들 실험 실습을 담당하며 학과장 업무를 보조하는 역할이었다.

한학기를 마치고 계속해서 취업할만한 업체를 찾던중 재미교포가 설립한 왕십리에 있는 코아 메모리 보드를 제조하는 업체를 알게되어 회사 사장 면접을 하고 취업하게 되었으며 하는일은 생산된 코아 메모리보드의 성능검사를 하는 것이었다.

이곳에서 약 6개월 근무하다 한국 시그네틱스 사원 채용 公告를 보고 응시하여 면접 후 채용 되었다.

1976년 3월 2일 한국 시그네틱스(Signetics)라는 반도체 제조를 전문으로 하는 외국인 반도체 회사에 입사하여 첫 출근 하게 되는데 나에게는 최초로 대학교 4학년 말에 겨우 반도체 TR (Transister) 라는 것을 공부하게 전부였고 이 시기는 반도체라는 것이 학생들에게 생소했던 새로운 학문이었으며 나로서는 반도체 회사 입사라는 것이 반도체 분야에 첫발을 내딛는 시작 점이 되는 것이었다.

지금에 와서 생각하면 조교 생활을 하면서 대학원 과정과 박사 과정까지 학업를 계속하였다면 아마도 나의 진로는 학생들을 가르치는 교수의 길을 가게 되었을 것이라 생각되어 많은 후회를 하곤 했다.

 이때의 미련이 가슴 깊은 곳에 남아 있었는지 현재는 "강릉 폴리텍 대학"에서 영동 지역 기업체 직원들의 "직무능력 향상 프로그램"에 참여하여 그동안 대기업에서 근무하며 체득한 많은 경험을 업체 직원 대상으로 강의를 하고 있다.

 여기서 잠시 한국 시그네틱스에 대해 알아보면 본사가 미국에 있으며 본사 영업 파트에서 여러 반도체 회사인 IBM, Philips, HP, TI, 일본에 Toshiba, NEC 등에서 주요 顧客으로부터 수주를 받아 반도체 FAB전문회사에 위탁 생산을 해서 제조된 반도체 Wafer를 한국 시그네틱스에 다시 반도체 패키지를 위탁 생산을 해서 고객에게 요구된 일자에 선적해주는 반도체 후공정 패키지 전문 회사인 것이다.

 1966년도 미국 시그네틱스로 창업되어 한국에서는 시그네틱스 코리아(signetics korea)일명 sigkor로 출발했고 1997년 IMF을 거치면서 永豐구룹에 편입되었다.

 이러한 반도체 후공정 패키지 전문 회사들이 한국 양질의 노동력과 저임금의 장점 때문에 몇몇 해외 유수 반도체 기업들이 한국에 진출했는데 그 기업들을 살펴보면 서울에 위치한 염창동에 Signetics, 대방동에 Fairchild, 광장동에 Motorola, 영등포 구로공단에 Control date 등 주요 외국 반도체 기업들이 한국수도 서울에 공장을 두고 있으며 내국인(內國人) 반도체 회사로는 서울 화양동에 "아남산업"과 익산에 "광전자" 정도이었다.

 그로부터 50년이 지난 지금의 아남산업은 세계에서 2번째 규모가 큰 다국적기업으로 발전되었으며 상호도 "아남코리아"(Anam Korea) 로 변경되고 본사 또한 미국에 두고 미국 기업으로 바뀌었다.

1장_반도체 30년을 기억하며 | 13

참고로 각 국가별 Anam 공장으로는 Anam Korea, Anam Japam, Anam Philipin, Anam Bangkok, Anam Taiwan, Anam America 6개 기업으로 확장 되었다.

그 이후 세월이 지나서 시그네틱스는 영풍 구룹으로 인수된후 경기도 파주로 옮겨졌고 훼어챠일드는 철수되고 반도체 전공정인 Transister Wafer Fab 공장만 부천에서 가동하며 "모토롤라"와 "콜트롤데이터"는 철수 되었다.

공장이 있던 장소는 현재 대단위 아파트 단지로 개발되어 옛 흔적을 찾을 수가 없다.

이때 각 반도체 기업에서 일하던 사람들이 지금의 반도체 발전에 크나큰 기여를 했다고 생각된다.

알려지지 않은 흥미있는 이야기를 소개하면 입사 시절 한달 월급이 5만원을 받았는데 그해 9월에 월급 인상되어 7만5천 원을 받고 매우 흡족 했던 기억이 지금도 잊을 수 없다.

현재 시그네틱스 파주공장

회사 근무중에 지금의 아내를 만나게 되어 78년도 11월에 많은 친지 및 지인들의 축복받으며 결혼을 하게 되었다.

78년결혼식사진

1968년 고교시절 가정형편도 여의치 않고 대학시험 준비도 매우 게을러 대학진학에 실패한 후 신문에 모집 공고를 보고 응시하여 "한국정밀기기센타" 라는 교육기관에 입학하게 되었고 2년 정규 과정과 6개월 단기 과정으로 구성 되어 있으며 나는 2년제 정규 과정 제 1회 입학생으로 입학하게 되었다.

참고로 "한국정밀기기센타"가 훗날 "경기과학기술대학"의 4년제 정규 대학교로 학제 변경 되었다.

센타 설립 목적은 한국 산업 발전을 위한 중견 기능 인력을 양성하기 위하여 유네스코와 정부 간 협의에 유네스코 자금지원을 받아 설립된 최초의 전문 교육기관이다.

FIC 깃발

표지판

교육 분야는 "工業計器" "精密計測機器" "理科學分析機器" "電氣電子 測定機器" 4개 분야로 구성되었으며 교육 기간은 2년제 였다.

나는 인문계 고등학교라서 공업계기 과목을 전공 선택하게 되었고 센타 내에서 2년간 35명의 동료와 함께 기숙사에서 생활를 하면서 이론과 실습으로 기술 습득하게 되었다.

당시 센타전경

공업계기분야에 대해 소개하면 기초과정으로 공작기계를 활용한 각종 정밀 가공물 제작, 다양한 배관 작업 등을 실습으로 하고 전문 기술 과정 으로 공기압 제어 전송기의 원리와 응용 기술을 실습을 통해서 습득하고 실제 산업 현장 견학을 통해 눈으로 직접 확인 하는 과정이었다.

당시 기숙사

공기압 제어 전송기(pneumatic control transmitter)는 중화학공업(석유화학, 시멘트, 정유공업, 섬유산업, 화력발전 등) 분야에서 공장 자동화의 기본적 활용 기술로 도입되기 시작하는 초기 단계로 당시는 매우 유망기술로 인식되고 있었다.

이의 관련해서 적용 제어(automatic control) 計器로는 공기압 제어 전송기에서 신호를 받아 작동하는 각종 control valve 와 압력계, 유량계, 온도계 등에 대해 산업 현장에서 어떻게 응용되고 활용되고 있는지에 대해 함께 학습 하였다.

"공기압 제어 전송기" 일명 "트랜스미터"는 그 이후 놀랄만한 기술 발전으로 오늘날 폭넓게 응용되고 있는 PLC, CPU, GPU라는 전송기로 발전되어 왔고 향후 더욱 발전해 나갈 것이다.

제1회 한국 전자전람회

69년에 구로공단 內에 한국의 전자 산업을 발전시키기 위해서 한국 최초 "제1회 한국 전자 전람회"를 개최하게 되었으며 정밀기기센타 쇼 학생들도 단체 관람하였으며 아마도 전람회 관람 후 전자에 대한 이해와 관심이 깊어지는 계기가 되었다 판단 된다.

2년간 정밀기기센타에서 함께 기숙사 생활했던 동료들과의 추억이 지금도 생생히 기억된다.

졸업후 안양에 있는 "한국 합섬" 이라는 회사에서 졸업실습을 3개월간 하고 졸업하니 취업이 간단치가 않았다.

이유는 모든 회사의 모집자격이 군필 또는 군 면제자에 한정되어 있어 취업 불가능하여 대부분 동료들이 공군에 단체 입대하거나 개별 입대하게 되었다.

또한 서울 서부이촌동에 "당인리 화력발전소" (현재 地下化 되어있음) 신축공사 현장에서 잠시 日用工으로 배관작업을 하다가 우여곡절 끝에 임시직 工員으로 삼성 "제일 제당 미풍공장"에 취업이 되어 1년 정도 근무했는데 당시 급여는 야간 근무 수당을 포함해서 2만3천원 정도로 너무 슬픈 기억이 있다. 아마도 열악한 급여의 슬픈 기억과 정식 사원과 많은 부문에서 차별적 처우가 훗날 "삼성"에 반드시 취업 해야 겠다고 결심하게 된 것 같다.

한국정밀기기센타의 생활모습

2

꿈을 갖었던 "삼성반도체"에 입사하다

70년도 삼성반도체 공장

3 — 꿈을 갖었던 "삼성반도체"에 입사하다

그 후 대략 3년 가까이 근무하다 삼성 구룹 에서 반도체 신규사업에 진출한다는 공식 발표가 있고 나서 반도체 경력사원 모집 공고에 응시하여 삼성전자 반도체 사업부에 입사하게 되었고 자랑스러운 일명 "三星 man"이 되었다.

한국 시그네틱스에 3년 가까이 근무하면서 삼성전자 반도체 사업부 응시 서류 중 "자기소개서"에 나름 심혈을 기우려 작성했던 것을 잠시 회상하면서 요점을 정리해보면

첫째 모집 분야에 대해 자세히 파악하고,
둘째 모집 분야에서 하는 일이 무엇이고
셋째 나의 장점을 자세히 표현해야 된다고 생각한다
위의 내용이 후배들에게 조금이나마 도움이 되었으면 한다.

삼성전자에서 인수한 Fairchild 대방동 공장으로 1978년 10월 28일 삼성전자 반도체사업부에 출근하게 되었으며 부여된 업무는 반도체 소자를 만들때 필요한 리드후레임 (Lead Frame)이라는 원자재 제품 생산하는 생산관리 부서에 배속 되었다.

이병철 삼성 창업회장이 생산라인을 둘러보고 있다.

그후 반도체 사업장이 부천시 도당동에 있는 반도체 Fab공장과 대방동 후공정 패키지 공장이 이원화(二元化)되어 있어 업무 효율성을 높이기 위해 FAB 공장과 패키지 공장을 부천 사업장으로 일원화 하게 되었다.

부천 사업장으로 이전하면서 나의 업무도 반도체 패키지 조립기술 부서로 조직 변경되게 된다.

80년 부천 공장모습

76년 부천공장 모습

시간이 흘러 중견 사원이 되면서 현재 용인 "자연농원"에 있는 산 숲속에 (現 애버랜드)있는 "삼성 종합 연수원"에서 일주일간 진행하는 삼성구룹 "중견사원 직무능력 향상 Progam"에 입교하게 되었다.

연수과목으로는 "일반회계" "제조원가"에 대한 교육을 집중적으로 받고 최종 연수평가 후 수료증을 받게 되었는데 당시 연수가 훗날 나의 회사업무 수행과 나의 발전에 지대한 영향을 받게 되어 지금도 연수원 교육에 매우 감사해하고 있다.

이때 습득한 지식이 단순 제조기술 및 생산 관리에서 제조원가(製造原價) 개념이 포함된 신개념의 원가관리(原價管理) 시스템으로 전환하는데 커다란 도움이 되었음을 알게 되었다.

중견사원연수

연수받은 후 다음해 부터 과장승진 대상이 되는데 년초 과장승진에 대부분 연수생 동료들은 승진 되었는데 나의 경우는 누락 되어 매우 실망스럽고 섭섭했다.

그러나 얼마 지나니 섭섭한 마음이 진정되어 다시 본연의 제조기술 업무를 더욱 열심히 하여 고질적이고 만성적인 몇가지 제품 불량 발생 원인을 fab 기술과 협업(協業)으로 완벽하게 해결하는 성과도 얻을 수 있었고 이문제 해결로 삼성전자 TV 사업부의 반복적으로 발생되어 전자에 불려가서 심한 질책을 받으면서 대책 회의를 수시로 했었는데 불량 문제도 해결되어 매우 만족스러웠던 기억이 있고 함께 노력했던 직원들과 지금도 그 때를 가끔 회상하며 옛 이야기를 함께 하고 있다.

1983년 간절히 바라던 과장 진급을 하는데 몇일후 회사 전반적인 조직 변경되면서 나의 업무도 반도체 제조기술 파트 에서 반도체 필수 부품 소재인 리드후레임(Lead Frame=L/F 표시함) 제조부서장으로 직무 변경 되었다.

신임과장 연수

이해를 돕기 위해 리드후레임에 대해 설명을 하면 부서의 업무 범위가
- L/F 도금(gold/silver/nikel plating) 공정
- L/F 타발(L/F Stamping) 공정
- 공작실 (L/F 금형제작 & Spare parts 가공)
- 설계실 (L/F & Spare parts)
- 화학분석실 (도금두께 및 용액분석 & 폐수분석)

5개 업무를 총괄하는 직무범위가 매우 넓어서 거의 사업부 조직에 버금가는 조직으로 구성되어 있었다. 특히나 리드후레임의 원자재가 귀금속인 금(金)과 은(銀)인 관계로 매우 신경이 쓰였다.

이러한 상황에서 전임 과장들의 실적 부진이 매월 적자 규모가 월 3억원 씩 발생하는 관계로 경영층으로부터 환영받지 못하는 부서 책임자로서 지속적인 심적 부담과 스트레스을 많이 받게 되어 퇴사의 원인이 아니었나 추측해 본다.

따라서 나에게도 이러한 불안감이 엄습해 와서 몇일간은 많은 고민을 하고 있었다 하지만 곧 마음을 다잡고 적자의 원인을 분석하여 대안을 찾기로 직원들과 의견을 공유하고 원인을 파악하고 구체적 대책을 세웠다.

따라서 나에게는 이러한 불안감이 엄습해와서 몇일간은 많은 고민을 하고있었다. 하지만 곧 마음을 다잡고 적자의 원인을 찾아보니
- 생산성이 저하
- 금(金) 소요량 과다
- 도금 장비의 노후

상기 3가지 원인을 도출하였고, 대책으로

* 전 직원 위기의식 고취
- 금 표준소요량 설정 및 지속 관리
- 노후 장비 개선 및 자동화 추진
- 추가 금도금 장비 도입

상기 4가지를 강력하게 추진하기로 결심을 하고 실행할 때 과거 연수원에서 연수받은 원가, 회계 부문에 대한 내용을 이번에 적용해 보기로 하고 전 직원을 대상으로 원가관리에 대한 공감대 형성을 위해 먼저 교육을 하기로 했다.

제조 부문에서 단위당 원자재 표준소요량을 산출하여
  - 원단위 소요량 목표 대비 실적 관리를 하고
  - 제조 금액에 대한 목표 대비 실적 관리
  - 인력의 근무시간도 표준시간 대비 실적 시간 관리

이와 같이 모든 관리 지표를 원 단위로 표시 전환하여 관리 하였다.
즉 - 표준 원 단위 근로 시간
  - 표준 원 단위 제조 금액
  - 표준 원 단위 원부자재 소요량 실적 관리를 전부문에 확대 적용하였다.

이와 같은 관리 제도를 지속적으로 현장에 적용한 결과 괄목할 만한 결과가 나타나기 시작하였다.

지표상으로 살펴보면 매월 3억 원씩 적자가 나와서 지탄의 부서에서 5천만 원에서 1억 원씩 흑자를 나타내고 있으니 흑자 부서가 되었다고 칭찬받는 부서로 반전된 것이었다.

더욱이 세계 반도체 시장이 활황이 계속 이어지면서 오히려 L/F 생산 capa가 부족한 상황으로 바뀌게 되면서 시급히 시설 투자가 실행해야만 했다.

시급한 시설 투자로는 金鍍金 장비와 공작기계였기에 공작실 운영에 대해서는 지금까지 外主加工에 의존하던 것을 특수 한 부문을 제외하고 대부분 자체 가공하여 공급하는 것을 원칙으로 해서 공작기계 도입계획을 수립하게 되었다.

이에 따른 숙련공 부족 문제는 기능 올림픽 입상자들을 급히 채용하는 것으로 품의 받고 진행되어 해결할 수 있었다.

• 도금 장비도입 관련해서는

해외 긴급 발주를 주고 추가로 L/F 금도금 장비 발주할 때 도금부위의 중요한 Parts는 2set 추가 발주하였고 훗날 자체 장비팀에서 도금 장비를 제작하여 부족한 Capa를 해결 하는데 큰 도움이 되었다.

참고로 도금장비 제작팀은 그 공로를 인정받아 포상금 받는 영광을 얻게 되어 매우 자랑스럽고 부서원들의 자긍심을 높이는 결과가 되었다.

그리고 금 도금용액을 매 분기마다 수거하여 金을 추출 하는 전문회사에 의뢰하여 추출된 金을 회수해 보관 관리 또한 매우 중요한 업무 중 하나였고 매우 흥미로우면서도 항상 신경 쓰이는 업무였다.

가장 기억에 남는 것은 64k dram memory IC 용 L/F 국내 최초 개발에 성공한 사례와 리드후레임 (L/F) Stamping 金型을 자체 금형 설계기술과 공작실 가공 기술이 합치된 결과로 성공할 수 있었기 때문에 회사로 부터 성공사례로 평가될 만한 것이었다.

한국 세미콘 쇼(semicon show)에도 우리 기술로 개발된 스탬핑 (stamping) 金型을 출품 전시하게 되었고 이를 계기로 우리 설계 기술과 금형 제작 기술를 국내에서 인정받고, 더불어 金型 受注도 성사되어 매우 자랑스러운 사건이었고 이를 계기로 리드후레임 사업 영역도 확대되면서 국내 반도체 패키지 회사인 아남 반도체로부터 최초로 L/F 수주 뿐만 아니라 해외 수출까지 하게되는 快擧를 이루게 되었다.

파트장과 함께

이러한 사례들로 인하여 금형에 대한 기술력이 더욱 크게 향상되었다는 것을 인식하게 되어 가슴이 뿌듯하였다.

그로부터 한참후 삼성구룹 회장인 이병철 회장이 부천 반도체 공장을 다녀가신 이후 더욱 반도체 사업에 대한 중요성을 강조하시면서 반도체 사업에 대대적인 투자 발표가 있었으며 그의 일환으로아쉽게도 L/F 사업부문 또한 반도체 부품사업으로 강조되면서 L/F 사업부문을 창원에 있는 "삼성정밀"로 사업 이관하는 것으로 결정 되면서 동시에 L/F 사업태스크포스 (task force) 팀이 구성되고 공장 설비 이전검토 작업이 시작 되었다.

이전과 설비 증설를 위한 투자계획수립 및 실행 업무가 시작되었으며 신속한 업무 추진을 위해 현재 L/F 사업장인 부천공장에 T/F 팀이 상주하게 되면서 설비업체와 수시 관련 회의가 진행되고 동시에 창원공장으로 이전 업무도 빠르게 진행되었다.

그후 제조설비 및 직원들의 창원공장으로 전원 이관되면서 부득이 개인 사정으로 L/F 총괄 책임자인 나는 창원공장으로 함께 하지 못하고 반도체 Fab Bipolar 공장 제조 과장으로 전보되어 새로운 업무에 종사하게 되는데 L/F 사업을 하면서 여러 파트에서 어려운 업무를 함께 해왔던 동료 직원들에게 함께하지 못한 점에 대해서 지금도 항상 미안한 마음을 잊을 수 없으며 이 글을 통해 진심으로 유감을 표하고 싶다.

그 당시 원팀으로 함께 이끌었던 도금파트장, 장비파트장 원가/생산관리 파트장, 설계파트장 금형조립 파트장 그 외 많은 이들에게 매우 고마웠다고 감사를 보내고 싶다.

삼성반도체 삼부회회원과 함께

3

현대전자 (반도체)로 새 출발하다

90년대 현대전자 공장

3 — 현대전자 (반도체)로 새 출발하다

　1986년도에 "삼성 반도체"에서 "현대전자 반도체"로 이직 하게된다.
　현대전자 반도체 사업부로 이직하게 된 동기를 잠시 되돌 아보면 삼성 반도체 fab bipolar IC 제조 line에서 2년 가까이 근무하고 있을 때 갑자기 상사인 부장님께서 사직하시고 3~4개월 지난 후 어느 날 갑자기 집으로 연락이 왔고 서로 안부를 주고 받보고 싶기도 하여 다음날 영등포 역전 모(某) 다방(현재 커피숍)에서 만나서 사직 후 이런 저런 이야기중 비로서 사직 하고 "현대 반도체"로 전직했다고 하며 나에게 함께 일하자는 제안을 받게 되었다. 영등포역 근처로 기억되는 모 다방에서 만나 여러 가지 조건에 대한 이야기를 듣고 대략 일주일 정도 고민하다 아내의 의견도 듣고 또 이미 현대전자 반도체로 이직한 사람도 만나 의견을 들어보고 나서 이직을 결심하고 다시 나에게 제시한 급여 직책 직위 등 조건들에 합의하고 이직하게 되었다.
　이무렵 삼성은 반도체 사업에 적극적인 투자가 이루어지고 있었고 현대(現代)구룹 또한 전세계적 반도체 성장세가 계속 이어질 것으로 판단하면서 삼성이나 현대의 新 成長 주력사업으로 선정하고 집중 투자(投資)에 매진하고 있는 상황에서 새로운 반도체 사업을 조금 늦게 진입한 현대전자로서는 반도체 경력자들을 스카웃하는 것이 인력확

보가 제일 빠른 길이라 판단하였을 것이다.

　이러한 과정을 거쳐서 나는 일명 "現代 man"이라는 이름으로 새 출발 하게 되었다.

　현대 반도체 256k dram 제조부 부서장으로 업무가 시작 되는데 4k dram, 16k dram, 64k dram을 건너뛰어 바로 256k dram을 시도 하고 있어서인지 매우 낮은 (Yield) 수율 즉 양품율을 보여주고 있어서 제일 급선무가 소속히 수율을 끌어 올리기 위한 모든 관련 부서에서 총력 경주 하는 상황이었다.

　이러한 강도 높은 업무가 지속되고 있는 가운데 1M dram, 4M dram, 16M dram Memory IC가 출시되어 주요 고객사 로부터 제품 인증서(Quality Certification)를 받아 미국 반도체 시장에 활발하게 진출하고 있었다.

　그 후 회사 내 전반적인 인력 재배치의 일환으로 조직이개편되면서 반도체 후공정인 패케징 사업부인 "반도체 조립 사업부"로 전배 되었는데 여기서 조립사업부의 사업 영역을 살펴보면

- 해외 주요 반도체 고객사들로부터 주문을 받아 반도체 패케징 하여 고객에게 납품하는 것이고 제품으로는 plastic 패케지와 ceramic 패케지 2종류의 제품을 제조하고 있었으며
- 반도체 사업부의 Dram Wafer를 완제품으로 패케징 하는 업무을 수행하는 사업부였다.

　ceramic 패케지 제조부장때 패케지 수율(yield)이 너무 저조하여 고객으로부터 상당한 불만을 갖고 있어 상황이 매우 심각한 수준에 와있어서 중대 결단을 취하지 않으면 매우 큰 문제가 발생할 수 있는 상황이었다.

참고로 패키지 수율이 40~50%(양품율)이면 매우 심각한 수준이었다.

그래서 선진 수율을 유지하고 있는 싱가포르 TI 공장과 정규 품질 회의로 방문할 때 함께 방문하여 실태를 파악하기로 하고 출장을 가서 실제 공정을 세밀하게 그리고 제품 검사 수준도 꼼꼼히 관찰하고 사용 장비도 스케치하여 귀국하였다.

소위 철저한 벤치마킹을 하여 검사수준(검사스펙)을 보안하고 장비도 TI 공장에서 사용하는 장비와 개념이 같은 장비를 제작하여 우리 현장에 적용 하였다.

그결과 신규 제작장비 적용으로 생산성이 급격히 향상되고 검사 스펙을 보안해서 적용하니 수율 역시 40~50%에서 90% 까지 상승하니 고객으로부터 매우 만족감을 표시해 왔다.

그 후부터는 제조 현장의 애로 사항이 해결되어 공정 속도가 빨라지고 활기찬 제조 현장이 되었던 기억이 있다.

이어서 Signetics America 대형 고객의 공장 실사 (Audit)결과 매우 만족해하면서 추가 수주를 받게 되었다.

옛 Ceramic Part 동료

사회적으로는 14대 대통령 선거가 한참 열기를 띠고 있는 시기였는데 구룹 내에서 現代 창업자 "정주영 회장"이 대선에 출마한다는 소문이 꾸준이 있어 왔는데 대선이 임박해서 정식으로 출마 선언을 하게 되는데 대선 출마 후보로는 김영삼, 김대중, 정주영,이 등록 하므로서 이번 대선은 3인의 후보등록으로 본격적인 선거운동이 시작 되었다.

이때부터 구룹내 전 계열사에서 적극 선거운동에 나서게 되는데 사업본부 내에서도 긴급 부서장 회의가 소집되어 어떻게 선거운동을 도울 것인가 숙의하게 되었고 회의 결과 각부서장이 중심이 되어 선거운동 전략을 수립하여 선거운동에 임하기로 하였다.

다시 부서 내부 회의를 하여 실천 계획을 수립하기 전에 몇가지 맡은 지역의 동향을 마을 지역에 나가서 여러가지 정보를 수집하여 실천 전략을 만들기로 하였다.

선거 전략으로
(1) 지역 주민들의 성향을 우선 조사하고,
(2) 지역 주민들의 요구 사항이나 도움이 필요한 사항이 무엇인지도 파악하고
(3) 우리가 어떻게 지원할 것인지
(4) 마을 리장이나 부녀회장에 대한 정보를 파악하여 종합 실천 추진전략을 수립하기로 했다.

수립된 전략에 따라 지역에 나가 활동한 내용을 가지고 매일 아침 회의를 거쳐 당일 활동할 사항들을 수정 보안하여 열심히 선거운동을 전개 하였다.

- 가장 중점적으로 하였던 것은
(1) 리장과 부녀회장 만나서 우호적인 관계를 만들고
(2) 전담팀을 구성하여 지역에서 부족한 일손 돕기 에 매진하고
(3) 지역민들의 우호적 우군으로 만들어 가기로 하였다.

이러한 운동의 결과를 매일 아침 회의때 담당 지역의 지지율 변화 추세를 점검하기를 반복한 결과 선거운동 초기에 파악된 지지율보다 매우 큰 폭으로 상승하고 있는 결과에 부서원 대부분인 매우 놀라움을 갖게 되었다.

처음 시작 때는 어떻게 해야 하는지 앞이 캄캄하였으나 서서히 방법을 터득해가는 것 같아서 더욱더 열심히 하게 되었다.

매일 같이 "ㅁ" 신문에 실리는 대선 후보들의 지지율 추세가 상위권에 오르는 것을 확인하니 아마도 대선에 승리하는 이변이 생길 것이라 기대도 하기 되었다.

명에 회장의 저서 "시련은 있어도 실패는 없다"라는 책도 열심히 지역민들에게 나누어 주었던 것이 선거 후에 이 책이 나의 발목을 잡는 빌미가 되었지만 당시에는 선거운동을 매우 열심히 했던 기억이 있다.

드디어 12월 18일 선거일이 오고 기대를 안고 투표를 하게 되는데 다음날 투표 결과가 실망스럽게 낙선을 확인하면서 많은 사람들이 실망하게 된다.

그 후 앞에서 언급했던 책 문제가 어느 주민이 경찰에 신고해서 선거 사범으로 검찰에 입건되어 여주 지청에 소환 통보되어 거의 일주일간 회사 정문에 형사가 와서 회사측에 속히 경찰서에 출두하라고

독촉을 하는 상황에 나는 어떻게 해야 하는지 마음고생을 많이 하고 있다가 고민 끝에 우리 둘째 형님께 자세한 내용을 설명하니 너무 걱정 말라고 위로하여 주셨다.

몇일 후 형님이 여주 지청에 가보라 하여 겁을 먹고 출두하니 2층 검사실로 안내되어 검사 앞에 앉아 있으니 검사가 백지를 주면서 자술서와 반성문을 쓰라하여 깊이 반성하고 향후 절대로 잘못을 하지 않겠다는 내용으로 쓰고 손 지장을 찍어 제출하니 검사가 읽어본 후 수원검찰청 결정으로 특별 훈방 조치하는 것이라고 설명하여 주었으며 그후 기소유예로 통보받게 되었다.

아마도 추측컨대 형님이 수원검찰청에 부탁이 있음을 형님한테 듣게 기소유예(起訴猶豫)되어 매우 고마웠다.

이렇게 선거운동으로 불미스러웠던 사건은 종결되고 다시 홀가분한 마음으로 본 업무에 매진하게 되었다.

조립사업부에서 수년간 업무수행 중 매년 12월이 되면 임원승진에 관심이 집중되는데 심사대상 첫해에 탈락 하여 2년째에 심사 탈락하면서 조금씩 걱정되기 시작하게 되는데 3년에 걸쳐 또다시 심사 탈락하니 이제는 정말로 고민하게 되었다.

이때 조립사업본부 조직을 변경하면서 제조부 부장에서 전혀 생소하고 직무와 무관한 관리부장으로 인사 발령되면서 보직 변경되었고 매우 당황스럽고 혼란스러웠다.

관리부 업무가 매우 부담 스럽다.

관리부 보임되고 나서 엄청난 고민하게 되는데 회사를 퇴직해야 하나, 그러면 퇴직 후 내가 할 수 있는 일이 무엇인지, 새로운 직장을 구해야 하나, 등등 많은 고민을 대략 일주일 정도 한 것 같다.

머리가 아프고 주변 사람 만나는 것이 싫었다. 관리부장으로서 직무 수행을 어떻게 해야하는 것인지에 대한 걱정과 두려움 고민 등이 계속되어 머리가 안정이 안되고 정돈도 안되는 혼미한 상태의 연속이었다.

이러한 황망한 혼미 상태에서 시간이 어느 정도 흐른 후 조금씩 마음이 진정되고 안정을 찾아지면서 관리부에서 하는 주요 업무가 무엇인지 파악하면서 조금씩 머리가 맑아지게 되었는데 관리부 업무에 대한 내용들이 눈에 들어오면서 할 수 있겠다는 용기와 의욕이 솟아오르게 되었다.

그래서 업무 내용을 파악하다 보니 다시 한번 도전해 보자고 다짐하게 되었다.

참고로 관리부 직무 범위를 살펴보면
- 인사, 채용, 총무, 노무, 전산, 교육, 안전, 등 관리부 산하 업무가 매우 넓고 우리 사업부의 가장 중추를 이루고 있는 부서라는 판단을 하게 되었으며 또한 자긍심을 가져도 좋을 만한 부서라고 생각하게 되었다.

90년대 현대전자전경

 더욱이 현재 현대전자가 처해있는 위기상황은 구룹 회장인 정주영 왕회장이 대선(大選) 실패로 인해 회사 분위기는 매우 갈아앉아 있고 신정부(新政府)들어서 대대적인 사회분위기 쇄신을 위해서 대기업이 앞장서서 무언가 일하는 분위기를 선도해야 하는 상황에서 各社別 가칭 "새 일터 창조 운동"이라는 "캐치프레이즈"를 걸고 계획을 세워 실천해야 한다는 사내 분위기였다.

 따라서 회사가 이 같은 운동지침에 따라 반도체 조립사업부에서도 이 운동의 책임 부서로 임무 수행을 적극적으로 이끌고 가야 할 중책을 부여받게 되었다.

 이러한 여건하에서 제일 먼저 취해야 할 조치는 가라앉은 전반적인 회사 분위기를 끌어 올리는 것이었다.

 첫째 침체된 분위기를 반전시키고
 둘째 긴장된 노사(勞使)간 신뢰 회복해야 하며
 셋째 부족한 인력(人力) 채용을 하고
 넷째 회사내 다방면에 걸쳐 근로 환경 개선을 위해서

제일먼저 분위기 반전을 위해 "새일터 창조운동"의 실천 목표를 만들어 보고 후 결재을 받아 全社的으로 확산해 나가게 되었다.

첫째 분위기 반전을 위해 노사간(勞使間) 격의 없는 대화가 가능하도록 만남의 시간을 늘리는 방법으로
1) 노사합동 work shop 프로그램을 만들어 실행하고
2) 가을 축제(문화 체육)를 활용한 불신(不信)의 노사관계를 신뢰(信賴)의 관계로 회복하고
3) 직원 사기진작을 위한 각종 교육 프로그램을 만들어 실천하는 것이었다.

위 3가지를 설정하고 지속적이고 열정적으로 실천하였고 그 결과 만족할만한 목표를 달성되어 큰 보람을 느꼈다.

구체적인 결실로는 침체된 분위기 반전시킬 항목에서

1) 항에서 노사 합동 워크샵으로 평소에 격의 없는 대화가 많아져 노동조합과 신뢰 분위기가 높아진 것이고 회사 현황에 대해서 주기적으로 노측에 설명하여 회사의 현황을 알려주어 도움이 될 수 있게 하였다.

그 결과 勞動組合측 에서 많은 부문에 대해 알 수 있는 계기가 되어 좋은 제도라는 평가있었다.

2) 항에서는 가을 축제 운동경기에서는 조합우승은 물론 응원대상을 얻게 되었으며 특히 문화 축제에서 회사 앞 횡단 보도의 위험성 때문에 지하도가 건설되었는데 지하도에 벽화를 그려 넣는 것은 축제의 큰 의미가 있다고 판단하여 이천 지역 화가 선생님을 찾기로 하고 수소문해 보니 현재 미국에 장기 체류하고 있다는 정보를 입수, 어렵게 연락되어 취지를 설명하니 쾌히 승낙받게 되었는데 한가지

문제는 부자(父子)간에 말 못 할 앙금으로 부친의 생각을 듣고 싶다 하여 부친댁을 방문하여 설명하니 아들 생각이 중요하다며 그러한 프로젝트에 아들이 참여할 수 있는 것은 환영해 주어야 하는 것 아니냐고 하여 미국에 있는 아들에게 알려주니 작가님이 매우 기뻐하면서 언제부터 작업을 하면 되는지 우리와 작업 일자를 협의 결정하게 되었다.

그 후 지하도 양쪽 벽에 그림 형식은 유화로 하고 지하도 전체 양면에 그려 붙이되 현대전자에 대한 의미가 함축된 작품으로 하고 작품명을 구상하게 되었다.

한쪽 면은 반도체 Wafer와 패케지 가 담겨진 작품으로 "세계 속에 현대 반도체"로 하고 또 다른 한쪽 면은 이천 지역의 상징인 설봉산의 큰 기풍을 이어받아 현대 전자가 힘차게 비상하는 백학이 연상되는 내용과 지역 대표 상품인 도자기가 함축된 "설봉산 아리랑" 이라는 작품명으로 결정 하였다.

지하도벽화

약 30 여일 노력 끝에 작품이 완성되고 축제 전날 늦은 저녁 시간이 되어 자하도 벽에 어렵게 작품을 부착하고 다음날 개막식 테이프 컷팅을 위해 흰 천으로 가림막을 설치하고 퇴근 하였다.

화가감사패 전달

다음날 사장님이하 각 사업부 본부장님과 화가 작가님, 그리고 많은 임원들이 참석한 가운데 체육대회 개막식과 테이프컷팅 행사를 하고 작품의 가림막을 해체하니 회사의 의미가 담긴 그림이 화려한 모습으로 출현되어 지하도를 오고가는 모든 직원들이 매우 만족해하는 모습에 큰 보람을 갖게 되었고 더욱이 좋았던 부분은 작품을 완성하고 작가 선생님 부자(父子)간에 있었던 앙금이 해소하고 손을 맞잡고 웃는 모습이 가슴 뿌듯함을 갖기에 충분했다.

지하도벽화 기념식

벽화테이프카팅

3) 항으로는 각종 교육 프로그램을 만들어 실천하는 항목에서는 우선 긴장된 勞使間의 신뢰 회복 문제는 쌍방 대화가 없어 나타난 문제로 상대방의 이야기를 들어주는 것 부터 시작하는 것인데 우선 교육 프로그램을 만드는 것도 직원들의 설문지를 받아 요구사항을 먼저 파악하고 실현 가능한 항목들을 선정하여 프로그램을 만들었는데 제일 먼저 첫 번째로 상담실 운영에 대한 것이었다.

첫째로 직원들이 고민 등을 상담할 수 있는 제도를 도입할 때 필수적인 상담사 양성 문제는 "H 대학 상담사 단기과정"에 등록하여 교육받게 하였고 상담사 선발은 현장 경험이 풍부한 직원으로 선정하게 하였다.

실제 상담실을 운영해보니 많은 직원으로부터 호응을 받게 되어 직원들의 평소 회사에 바라는 것이 무엇이고 어떤 고민을 하고 있는지도 사전 파악 할 수 있어 매우 훌륭한 제도로 정착되었다.

둘째로 노사관계 신뢰 회복에 있어서 여성 직원들에게 얼굴 화장법을 배우고싶다는 요구에 문제 해결을 위해 "L 백화점" 고객 서비스 팀"에 의뢰하여 여성들의 기초화장법과 본 화장법에 대한 강의를 받을 수 있는 시간을 만들어 보니 강의에 참여한 직원들의 반응은 매우 성공적이었다.

셋째로 회사업무와 관련해서 제품 품질향상 일환으로 흔히 국내 많은 회사들에서 이미 활용하고 있는 分任組 활동을 실무와 교육을 병행하여 지속적으로 활성화 시키고 事業部 內 경진대회 그리고 全社 경진대회를 개최하여 우승팀에게 포상함과 동시에 경기도 경진대회에 참가할 수 있도록 자격을 부여하였다.

그 결과 우리 사업부에서 활동한 분임조가 선발되고 경기도 대회에서는 우수상을 받아 회사의 우수성을 널리 알려 홍보할 수 있는 계기가 되었고 우수상 받은 팀은 회사로부터 포상과 다른 분임조로부터 부러움의 분임조가 되었으며 또한 勞使間 신뢰 구축에 도움이 되었을 것이다.

세 번째와 네 번째로 부족한 인력 문제 해결과 현재 처해 있는 환경에 대한 원인 분석해 보니
1) 세계 반도체 수요가 폭증하고
2) 반도체 제조 인력 부족이 심각하며
3) 수주(受注) 재고가 증가하는 추세이었다.

상기 문제 해결을 위해서 크게 두 가지 대책을 수립하여 실행해 옮겼다.

인력 부족 문제를 해결하기 위해 그 대안으로 우선 유휴 인력 즉 회사 인근 지역에 거주하는 주부 인력을 활용하는 방안을 모색하기로 했고 두 번째로 언어장애 인력을 현장 작업을 시험(test) 검토한 후 채용하는 방안을 수립하기로 했다.

두 가지 대안으로 위해 우선 주부 인력 15人을 긴급 임시 채용하여 단순 작업 현장에 배치하여 기존 사원과 주부 사원과 생산성 및 효율성을 3개월간 비교 test 해본 결과 대단히 유의미한 결과 보고서를 받아볼 수 있었다.

결과 보고서를 근거로 작업 현장에 주부 사원을 인력 부족 부서에 우선해서 충원해 주무로서 부족 인력을 그나마 조금은 해결할 수 있었다.

또한 장애인 인력 활용하는 방안에 대한 것은 장애인 공단측의 협조를 얻어 활용 방안에 대한 회의를 통해우선 인력을 12명을 추천받아 3개월 동안 역시 작업 현장에서 패케지 수동인쇄(marking) 작업을 기존 현장 작업자와 장애 직원과 생산성 비교 분석을 하기로 하였는데 검토 결과 주부 인력 검토와 같이 장애 인력도 좋은 결과를 도출하게 되어 매우 흡족했으나 장애 부모님들과 협의 과정에서 염려했던 가장 큰 문제는 과연 이들이 서울에서 출근 버스를 타고 출근하고 퇴근하는 것이 가능하겠느냐 하는 일이었는데 몇 번의 실수가 있었으나 곧 익숙해져 매우 반가웠고 父母 입장에서 매우 염려했던 부문이었고 아이들이 잘 이겨내서 3개월이 지난 후 성과 검토 회의 시 오히려 회사 측에 감사하단 말을 하면서 혼자서는 영원히 사회 생활을 못 할 것으로 생각했었는데 이제는 희망이 생겼다고 매우 기쁜 마음을 갖을 수 있게 되어 너무 감사하다는 말씀을 거듭거듭 하니 나 또한 보람을 깊게 되었다.

수주 재고는 지속적으로 현상 유지가 이어지고 있는 관계로이 문제는 시간이 더 필요할 것으로 생각되어 좀 더 기다려 보기로 했다.

그리고 現代電子 創立 記念"종합 체육대회"에 종합 우승과 응원대상을 받기 위해 과거 중고등학교 시절에 구기 종목에 관심이 많고 축구에서는 학교 대표로 관내 축구대회에 참가한 경력도 있고 나름 관심이 많아 이번 체육대회는 직접 선수 선발부터 훈련까지 그리고 선수들 훈련을 위해 서울에서 40분을 달려 회사에 6시 도착하여 선수 훈련을 독려하는 열성을 갖고 임하였으며 응원대상을 받기 위해 응원석과 응원단 결성 그리고 응원단장이 매우 중요하다고 판단하여 설비부에 의뢰하여 80석 정도의 계단식 응원석을 제작하였고 응원단원은 4개 부서에서 20명씩 추천을 받아서 구성하였다.

마지막 응원단을 리드 할 응원단장을 찾는 것이 난해한 일이었는데 다행히 "K 모 대학"의 응원단장이 섭외되어 응원단 체제가 완성 되었다.

이때부터 본격 일주일 정도 단체 응원 연습으로 체육대회 준비를 하였고 각 구기 종목별 연습도 어느 정도 팀웍도 완성되어 결전의 날에 체육대회와 문화행사가 성대히 시작 되었다.

열심히 노력한 결과 문화행사에서는 지하도 벽화 개막식으로 분위기를 한껏 띄웠고 경기 결과는 몇몇 종목에서 1위에 올라 종합우승이 확정되었고 응원 부문에서도 타 사업부보다 월등한 조직력과 일사 분란하게 전개되는 다양한 응원체계에서 많은 점수를 얻어 응원대상을 받게 되었다.

조립사업부로서는 몇 년 만에 큰 영광을 갖게 되어 직원들 사기도 매우 상승하는 문화 체육 행사가 되었다.

마지막 네번째 사업부 내 환경 개선 활동 사례를 살펴보기로 하자.

1) 노무(勞務) 관련해서

첫 번째 개선 사항으로 직원들이 이용하고 있는 화장실을 깨끗하고 청결한 화장실로 혐오스러운 장소에서 누구나 찾고 싶은 장소로 개선하는 것을 목표로 설정하고 변기를 수세식 변기와 좌식형 변기를 6 대 4 비율로 먼저 교체하고 화장실 이용자가 휴대하던 휴지를 전량 회사에서 비치하며 세면대 거울을 대형 거울로 교체 하였다.

또 거울 거치대에 드라이기와 머리빗, 비누, 수건 등을 항시 비치해주고 이공간을 휴게실 개념으로 이용도 할수 있을정 도로 매우 환경이 깨끗하고 청결한 장소로 이용 가능하게 개선하였다.

또 화장실 내에 큰 白紙(메모지)를 비치하고 누구나 하고 싶은 이야기 또는 건의 하고 싶은 것이 있으면 무기명으로 글을 남길 수 있도록 하고 매일 쓰여진 내용들을 회수하여 검토 후 先 조치해 주기도 하였다.

그러나 순작용만이 아니고 역작용도 있었는데 비치된 화장지와 白紙가 수시로 사라지고 있어 습관화될 때까지 계속 채워주니 약 3개월 만에 문제가 완전히 해결 되었다.

이 개선 활동의 프로젝트를 일명 "화장실 문화 운동" 라고 부르기로 하였고 이후 운동이 전 사업부로 확산되어 매우 긍정적인 효과를 가져오게 되었다.

훗날 2002년 월드컵 축구대회를 맞아 각 고속도로 휴게소에 청결한 화장실로 리모델링 하여 매우 좋은 평판을 받은 기억이 있으며 지금의 우리나라 화장실 청결도는 세계에서 최고 수준의 칭찬을 받게 된 것이 당시 "화장실 문화 운동"이 뿌리가 되었다 생각되어 큰 자부심을 지금도 가지고 있다.

또한 현재의 공간이 너무 열악한 상태라서 좀 편안하게 쉴 수 있고 한편 여러 종류의 책들을 비치 함으로서 수시로 책을 가까이 할 수 있고 친구와 담소하는 장소로 이용하고 가끔 실시되고 있는 간담회 장소로도 활용되는 공간으로 이용되도록 깨끗하고 품격있게 다목적 공간으로 리모델링 하여 직원들에게 제공 하였다.

직원들의 호응도는 매우 긍정적이고 참 좋았다.

마지막 개선 활동 사항으로 관리부 업무중 교육 관련해서 교육대상으로 일반 현장 직원을 대상으로 정하고 교육과정으로는 인성 교육과 전사적 품질교육 즉 TQC 교육으로 설정하고 강사 섭외에 있어서

- 인성 교육 강사로는
  〉 당사 임원분들에게 특강 요청하고
  〉 L-백화점 고객 서비스팀에 협조 요청하였다.

- 품질 교육(TQC)은 사내 품질 부서에 의뢰하여 진행하기로 결정하였다. 교육의 내실화를 위해 교육 커리큐럼도 만들고 교육 참여를 높이기 위해 점수 이수제를 도입하여 년 말 직원 평가에 프러스 요인으로 반영되게 하였다.

이렇게 실시하여 분위기가 어느 정도 교육 분위기로 형성되는 것을 느낄 수 있었고 매우 좋은 징후라고 생각 되었다.

위에서 이야기 되었던 내용들이 대부분 바람직한 방향으로 진행되고 정착되어 성과를 만들어 냈다.

그 후 관리본부 인사 노무 담당 임원으로부터 잠시 차 한잔 한자

는 연락을 받고 찾아가니 그간의 다양한 프로젝트 추진에 노고가 많다고 격려도 해주면서 금번 장애인 공단으로부터 현대전자가 장애인 최다 고용 업체로 선정되어 감사패를 받게 되었다고 알려주어 흐뭇하였다.

이어서 노동부 산하 韓國勞動硏究院에서 실시하는 "勞使 關係 高位 指導者 課程"에 참가하여 실질적인 노사관계 관련하여 보다 발전된 노사관계를 새롭게 정립해보자고 권유를 받고 그해 1993년 9월부터 1년 과정의 제5기로 수강하게 되었다.

이 과정에 참가하는 사람들의 면면을 살펴보면 당시 5대 구룹 (三星, 現代, 大宇, 金星, 鮮京)의 노무 담당 관리자 및 노동조합 간부들이 참여 하였고 공기업 노무 담당자와 노무사 그리고 노동부 담당 공무원과 정치인 등 각 분야에서 참여하였다.

현재 "金星"은 "LG" "鮮京"은 "SK"로 商號 변경됨

연수 과정 담당 교수진은 연구원 경제계 노동계 박사들과 대학의 경제학 교수 그리고 정부 고위 공무원들로 구성되었으며 여의도 중소기업 중앙회 건물에 있는 강의실에서 매주 1회 오후 6시~9시까지 수업을 받게 되었다.

강의 내용으로는 노무 관련 내용 및 노동법 국내경제 동향 및 세계 경제 관련 내용이고 강의 중간중간 假像 勞使協議할 안건들을 協議會 테이블에 올려놓고 회의하는 훈련을 하곤 했다.

그리고 그해 겨울 함께 수업을 듣고 있는 수강생들 간의 친목과 단합을 목적으로 "양평 연수원"에서 work shop을 1박2일 일정으로 진행하였고 저녁 친교 시간에 금번 제5기 연수생 축하를 위해 당시

총동문회 회장이었던 故 노무현 대통령께서 축사를 해주시고 친교의 시간을 늦은 밤까지 함께 했던 기억이 있다.

마지막 유럽의 선진 노사 문화와 운영 실상에 대해 현지를 돌아보는 프로그램으로 과정을 종료하게 되었다.

수료 후 지속적인 유대 관계를 유지하기 위해 "勞高脂"라는 親睦會가 결성되어 주기적 만남을 20여 년간 유지하면서 친목을 다져 왔다.

추억 중에 기억나는 일을 소개하면 어느 해인가 "勞高脂" 동문 어린이날 체육 및 문화행사에 나의 아내가 쓴 시조(時調) 작품이 1등 壯元에 당선되는 추억이 기억 난다.

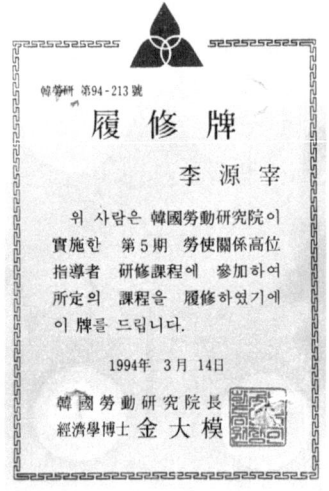

노동연구원수료증

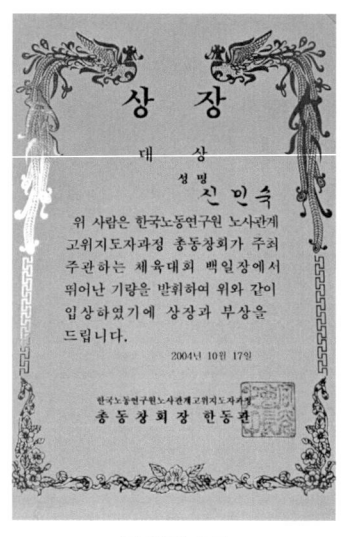

백일장대상

관리부 부장으로 보직 변경후 여러가지 업무수행 하면서 나름 성과가 있었다고 할 수 있는 것을 살펴보면

- 인력은 주부 인력 활용및 장애 인력의 적극 활용이고
- 노무관련은 상담실 운영과 노사 간담회 상설화
- 환경 개선은 화장실 현대화 및 휴게실 리모델링과 지하도 벽화 설치이며
- 종합 체육 대회을 치르면서 사업부의 분산되고 흐터진 힘을 한곳으로 모아 사업부 위상과 분위기 상승에 크게 기여 했다고 할 수 있겠다.

주부 인력 활용이라는 것은 지금의 정규직과 비정규직이라는 제도로 우리 사회에 어둡다면 어두운 제도로 정착되었지만 나에게는 당시 매우 절실한 상황이었다는 것을 글로 남기고 싶다.

또한 지하도 벽화설치는 많은 시일이 지난후 서울에 거의 모든 지하도에 벽화가 일상화 된 것을 보면서 옛 현대전자 지하도 벽화설치는 매우 참신한 아이디어 였다고 생각된다.

상기와 같은 여러 가지 활동들의 성과물이 좋은 평가를 받아 년 말 "최우수 표창장"을 받게 되었고 12월 말 임원 승진심사에서도 많은 성과물 들이 임원승진에 크게 방영되었을 것으로 추축 된다. 참으로 기쁘고 자랑스러웠다.

집에 아내가 가장 기뻐해 주었다.

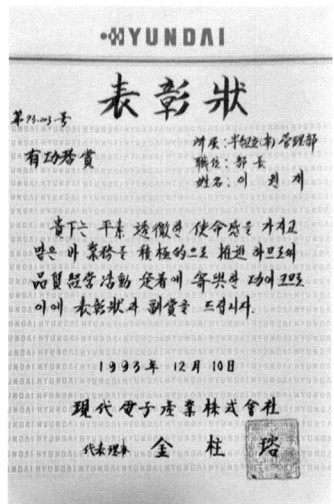

표창장   표창장

사령장 수여   전임원 워크샵

이 무렵 딸아이가 중학교를 졸업하고 본인 의사에 따라 캐나다로 고등학교 유학을 보내기로 결정하였다. 캐나다 Quebeck 주에 위치한 사립학교인 Stanstead College 에 입학하게 되었다.

5년간의 많은 어려운 과정을 이겨내고 당당히 수석 졸업을 하게 되어 매우 딸에게 고맙고 자랑스럽게 생각한다.

5개과목 Award 수상

수학, 화학, 물리학에 우수함을 인정받아 학교 추천으로 그후 의학을 전공하는 McMaster University 에 입학하여 2학년 수료후 다시 Waterloo of University에 입학하여 회계학을 전공하게 되었다.

Waterloo 졸업

4년의 학업을 마치고 졸업후 회계 컨설턴트 회사에 입사하여 2년여 경험을 쌓고는 많은 고민 끝에 Ontario 주에 있는 Western University Law School 에 새출발을 하게 되는데 3년의 법학 과정을 마치고 지금은 뱅쿠버에 있는 Law Firm에서 변호사업무를 하고 있는데 이때까지 14년의 학업 과정이 딸에게는 너무도 힘들었을 것이고 부모로써 딸에게 너무도 무겁고 미안한 마음을 갖게 한다.

법학 과정을 마치고 자격시험에 합격하여 지금은 뱅쿠버에 있는 Law Firm에서 변호사 생활을 하고 있다.

타국에서 적성에 맞는 직업을 찾기위해 오랜 시간 인내하며 노력해온 여식에게 고마움의 박수를 보낸다. 타국에서 학업 과정이 여식에게는 힘든 여정이었을 터인데 부모로서 곁에서 수시로 함께해주지 못한 형편 사정에 미안한 마음이 든다. 혼자서 많은 역경을 스스로 헤쳐나온 용기에 칭찬하며 장하게 생각한다.

회계학은 변호사 업무 수행에 유용하다고 하니 긴 시간의 노력이 좋은 결실로 이어지길 바라는 부모 마음이다.

 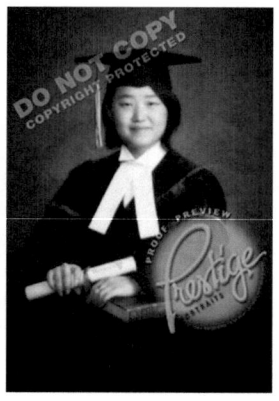 

Lawyer License 취득

다시 찾아온 조직변경

승진의 기쁨도 잠시 사업본부 조직 개편을 맞으며 나의 보직도 변경 되었다.

담당 업무는 사업본부 내 "하이브리드 IC" 부서 담당으로 이 부문의 사업 분야를 보면
- Hybrid IC 제조 및 영업
- Memory Module 조립
- COB (chip on board) 제조

이와 같은데 사업성에 있어서 매우 힘든 적자 사업부 실적으로 사업 철수하는 것을 매년 거론되어왔던 터라 또다시 심각한 상황에 직면하게 되었다.

더욱더 심각한 상황은 금년 까지만 지켜본 후 사업 포기 여부를 판단하겠다는 사장님 지시가 있어서 나로서는 매우 곤욕스러운 상황이었다.

어쨌거나 이미 보임(補任)되었으니 사업부의 실태를 정확히 무엇이 문제이고 적자 원인이 어느 부문에 있는 것인지를 구체적으로 원인 파악해보기로 하고 우선

- 보유설비의 자산 금액이 얼마나 되는지
- 인원은 직접 인원과 간접인원이 몇 명인지
- 제품별 매출금액은 얼마나 되는지
- 메모리모듈 이채 금액 산출은 어떻게 계산되는지

상기 4가지 사항에 대한 구체적 실상을 생산관리 과장에게 지시하

고 현장 실사(實事)를 하여 생산관리 과장의 자료와 내가 직접 확인한 내용을 종합해서 원인을 찾아보니

- 직접 인원이 과다하고(현장 작업자)
- 유휴(遊休) 설비가 너무 많고
- 사내 이채 금액 산출 방법이 정립되어 있지 안았다

이러한 원인을 가지고 몇 가지 대책을 수립 하였다

- 현장 작업자 50% 감축하고
- 감축된 인원은 인원이 부족한 타 부서에 전환배치하고
- 감축으로 인한 인원 부족은 주부 사원으로 대체하고
- 외주생산을 적극적으로 활용하데
- 유휴 설비는 외부업체에 대여(貸與)하기로 하고
- 메모리 모쥴 사내 이채 금 계산 방식을 개선 함으로서

고질적인 적자 사업부에서 흑자 사업부로 전환 시켜기로 다짐하였다.

이러한 대책을 신속하고 강력히 추진하였으며 앞에서 실행해보았던 주부 사원 제도가 Hybrid IC 부서에 대단한 효과를 보게 되었고 유휴설비를 외주업체에 대여해 주니 유휴설비의 가동율과 효율성이 매우 높아졌고 따라서

- 생산 물량이 전보다 대폭 증가 하였다.

그리고 인원이 부족한 他 부서에 전환 배치 함으로서 부족한 부서는 인원이 충원되는 효과가 있었고

- 하이브리드 IC 부서의 인원이 감소됨으로 인해 감축된 만큼 인건비(人件費)가 절감되었으며

- 인원 감축으로 사업본부 공통 배분 금액도 절감되어 결국 총 인건비가 대폭 절감 효과로 나타났다.
- 遊休設備를 외부에 대여하여 가동율은 상승하고 감가상각비에서도 절감 효과가 나타났으며
- 가동율이 높아져 생산물량 증가로 매출액이 늘어났다.

이러한 일련의 대책들의 여러부문에서 동반상승 효과로 이어지면서 고질적인 만성 적자에서 흑자 사업부로 바뀌니 직원들도 고통 속에서 희망을 찾은 생동감 넘치는 부서가 되었다.

더욱이 메모리모쥴 파트 에서는 반도체 시장 활황으로 메모리 모쥴 물량 수요가 급격히 증가하여 메모리모쥴 Test Capa가 부족 해저 顧客 需要에 대응할 수 없는 상황이 되어 긴급으로 장비 발주를 서두리게 되었다.

하이브리드 IC 부문과 메모리 모쥴 부문에서 더욱 분위기 상승효과로 이어지고 그 결과로 하이브리드 IC 부서도 존속되는 결과가 되었다.

Dale Carnegie 시현

참고사항으로 Memory Module 이란 Memory IC 단품을 PCB 기판에 8개, 16개를 Mounting(탑재)해서 Memory 용량을 증가시키

는 방식으로 예를 들면 1M IC 8개, 16개 를 PCB 위에 배열 탑재하여 8M, 16M 용량을 갖는 제품으로 만드는 것을 Memory Module이라고 한다.

Hybrid IC 란 종류가 다른 2개 이상의 IC 또는 다른 부품(diode resister,등)을 조합하여 기판(基板) 위 回路에 구성된 IC 제품이다.

반도체 시장이 호황이 계속되는 가운데 회사에서는 해외 진출할 것을 결정하게 되고 반도체 조립 사업본부에서 반도체 공장 설립을 착수하게 되었고 따라서 반도체 공장 추진 TFT 팀이 구성되고 실행에 옮겨지면서 공장 위치도 선정되었다.

韓中 修交가 1992년 8월 24일에 되어 중국 시장진출에 대한 관심도가 매우 높았던 시기였다.

사업본부에서는 공장 위치가 교통이 편리한 공항에 인접한 곳을 찾아 中國 上海 虹橋 國際空港과 가까운 靑浦(칭푸) 라는 곳으로 결정하게 되었다.

4

上海 현대전자 반도체 공장으로 발령나다

중국상해 현대반도체공장 표지석

4 ─ 上海 현대전자 반도체 공장으로 발령나다

시련인지 기회인지 또 다시 찾아온 고민

여느 때와 같이 회사 출근하여 부서 내 아침 회의를 마치고 현장 점검하고 사무실에 들어오자 본부장님 전화 호출로 본부장님 직무실로 갔다.

중국 반도체공장 관련해서 여러 이야기를 하고는 중국공장 책임자로 내가 최적임자라 하시면서 가능한 한 속히 출국 할 수 있도록 준비하고 있으라는 말씀을 듣게 된다.

갑작스러운 상황에 매우 혼란스럽고 여러 가지 걱정과 우려가 마음을 무겁게 하였다.

무거운 마음을 안고 퇴근하여 아내에게 회사에서 있었던 이야기를 들려주고 의견을 물으니 좀 더 생각해보고 판단하기로 하고 다음날 정상 출근하여 일상 업무를 하면서 계속 생각에 잠겼다.

결국 아내도 동의하고 본부장님께 말씀드리니 급히 일주일 정도 우선 간단한 옷만 챙겨서 출국하고 상황을 봐서 다시 귀국해서 나머지 정리해서 정식 중국공장에 귀임하라 하여 결국 경황 없이 중국공장에 발령받고 출국하게 되었고 중국 공장의 정식 법인명은 "中國 上海 青浦 現代 有限 公司" 라고 되어있다.

출국 전에 공장 운영조직을 구상하였으며

- 인사 총무 파트
- 반도체 생산기술 파트
- 품질관리팀
- 공장 설비기술 파트 4개 조직 외 중국어 통역과 폐수처리 약품 분석 요원 그리고 현장 작업 조장 12명으로 구성하고 인원 선발에 우여곡절이 많은 가운데 인원 구성을 끝내고 출국하게 되었다.

현지 공장에 도착해보니 공장 건설은 대략 20% 정도 진척율을 나타내고 있었고 본사에서 선적된 장비들이 포장된 상태로 건설 현장 인근 논과 밭 여기저기 놓여 있었다.

주재원과 함께

본격적으로 H 건설 현장 소장과 진행 내용에 대한 설명을 듣고 매일 함께 건설 독려를 하면서 한편으로는 선적된 장비 리스트에 있는 장비들을 확인하고 순차적으로 귀임할 주재원의 숙소도 점검하였다.

공장 건설과 병행하면서 전반적인 공장 시스템을 구축하기 위한 제반 사항들을 챙기기에 시간이 촉박하여 하루하루 바쁘게 흘러갔다.

매일 늦은 시간까지 공장에 있다가 퇴근시는 교통수단이 없어 직원들이 지개차로 퇴근하는 것이 일상화 되었다.

중국 생활중 제일 힘든 것은 음식에서 매우 힘들어 일정 기간은 한국에서 가져온 김과 고추장으로 식사를 해결할 수밖에 없었고 난방이 안되서 추위에 고생도 많았다.

특히 상해시 먼지는 가히 공포 자채 였으며 먼지 문제로 환경은 最惡이었다.

공기 汚染의 3가지 主犯으로
1) 도로 공사로 인한 먼지
2) 노후 자동차 배기가스
3) 화력발전소 석탄 연소 배출
이라고 할 정도로 매우 심각 수준이었다.

매일 샤워를 하고 먼지가 너무 심해서 옷을 세탁하지 해야만 했고 직원들 거주하는 곳도 환경이 너무 열악해서 초기에 추위 때문에 고생들을 많이 했다.

힘든 시간을 보내고 있는중 좋은 소식을 듣게 되는데 우연히 친구를 만나게 되었는데 마침 삼성 반도체 공장을 "中國 江蘇省 蘇州市 新加坡 工團 內"에 패케지 공장 법인을 설립하고 현재 근무하고 있어 저녁 시간에 만나 함께 술도 하면서 외로움을 서로 위로할 수 있어서 너무 좋았던 기억도 있었다.

벌써 오랜 시간이 지나 공장 건설도 완료 되어 생산 주요 장비들이 속속 현장에 설치되어 가고 있어서 양산 준비를 위해 현장 작업자 모집 공고를 내고 한편에서 면접하면서 차츰 인원이 충원되어 가고 있었고 주재원들은 생산에 필요한 각종 제조 사양서(仕樣書) 또는 표준서(標準書)인 기술 spec, 검사 spec, 제품 spec,등을 준비하는 작업이 수개월 소요된 후 완료 하였다.

공장 가동에 기본적인 Utility 설비가 DI Water (純水), Boiler(보일러), Air Condition(工造), City Water(市水), N2(窒素Gas), Wastewater Treatment(廢水處理) 완료되고 마지막으로 전기공사가 완료되어 중국 上海市工業局의 검사를 받고 애를 태운 끝에 공식적인 통전식(通電式)을 갖기까지 약 수개월 소요 되었다.

모든 공장 설비와 제조 장비들이 설치 완료되면서 정상적인 제품 시험 생산을 위한 준비작업을 본격 진행하게 되었다.

생산장비와 공장 설비를 점검하고 공장 가동을 위한 Utility 설비 시험 가동을 순차적으로 완료하고 이제부터는 생산 작업자들 훈련을 위해 본사로부터 사전에 계획된 가장 숙련도가 높은 직원 십여 명을 長期間 출장 형식으로 지원받아 중국인 작업자 훈련에 집중하게 되었다.

또한 고객사(顧客社)로부터 상해공장 품질인증을 받아야 최종 반도체 공장으로 완료되는 것이기 때문에 인증(認證) 조건으로

- 반도체 제조기술 표준서(spec)
- 반도체 장비 표준서(spec)
- 반도체 설비운영 및 정비 표준서(spec)
- 반도체 검사 및 신뢰성 시험 표준서(spcc)
- 반도체 작업자 품질 인증서

을 顧客社로부터 2개월에 걸쳐 審査를 받고 최종 承認書를 받게 되면서 "中國 上海 靑浦 現代電子 有限 公司"라는 회사가 반도체 제조공장으로서 모든 조건을 만족하게 되었다.

반도체공장기념석   반도체공장전경

중국 공장에서 있었던 몇 가지 추억을 회상해보면

사례 1.

본사에서 지원 나온 여직원이 숙소에서 샤워하다 LPG Gas 가 누출로 실신하는 사고 발생으로 병원응급실에 갔다는 소식을 늦은 밤에 듣고 급히 병원에 가보니 산소통에 2명이 누워있는 것이었다.

가슴이 철렁 내려앉아 의사에게 상태를 확인 하니 3~4시간 산소통에서 안정을 취하면 깨어 날것이라는 말에 마음이 진정 되었다.

한 시간쯤 지나 Gas 통 유리창을 통해 눈을 뜨는 것을 볼 수 있어 조금 더 안정한 후 퇴원하게 되었던 일이 있었다.

사망사건으로 가지않은 것이 다행이었다.

사례 2.

공장의 공장동(工場棟)과 전력동(電力棟) 사이를 지하로 전력선이 지나가는 공동구(共同口)가 있는데 공동구 내부에서 원인 모른 화재가 발생하여 화재 신고를 하니 소방서 소화 장비가 우리나라 1960년대 사용했던 것으로 추정되는 2인이 pumping 하여 물을 분사하는 형식의 수동 소방차 1대가 출동하였으나 별 효과가 없었고 우리 직원들에 의해 진화되어 다행이었다.

옛말에 화재 후에는 크게 불꽃처럼 번성 한다는 설이있는 것 처럼 많은 세월이 지난 지금 중국 패케징 회사가 세계 3위 패케징 회사(JECT)로 발전하였고 한국 仁川 永宗島에 대규모 패케징 공장이 있어 더욱 감회가 새롭다.

사례 3.

고객이 요구하는 반도체 품종을 다양화 하기 위해 패케지 몰드(Mold) 금형을 발주해야 할 시급성 때문에 중국 현지에서 금형 제작 가능 업체를 찾던중 과거 삼성 L/F 시절 64k dram 리드후레임 개발 당시 부품 가공 기술를 인정받아 많은 부품 외주 가공을 의뢰 했던 회사가 중국에 진출해 있는 日本 企業 금형부품(punch die) 전문 加工 회사 사장을 만나게 되어 그 업체와 기술 협업(協業)으로 금형(金型)을 발주(發注)하여 큰 무리 없이 고객 요구 사항을 충족시킬 수 있었다.

최초로 불모지인 중국 현지에 몰드 금형을 제작할 수 있는 업체를 개발하게 되어 공장 운영에 많은 도움을 받을 수 있게 되었다.

사례 4.

본사에서 중국 인구가 약 14억 명이니 근로자 수급은 충분할 것 이라 생각하고 있는데 매우 위험한 생각이라는 반증이 무엇인지 알게 된 경우인데 면접을 하면 모두가 긍정적 답변을 하는데 3교대 근무 조건을 이야기하면 부모님이 야간 근무는 절대 안 된다고 한다 그 이유가 하나밖에 없는 귀한 자식이 특히 여성(女性)인 경우는 더 심했다. 그런데다 야밤에 홀로 걷다 보면 갑자기 차가 나타나 자동차에

태워져서 어디론가 사라진다 한다.

실제 우리 여직원도 몇 건의 실종 사건이 있었는데 우리 여성 작업자도 이 경우가 아니었나 생각된다.

실종된 여성은 중국 내륙에 첩첩산중에 거주하는 집으로 실려가 그곳 집 아들과 결혼하여 살고 있다는 설때문에 야간 근무는 절대 안 된다는 이유가 이해된다.

이러한 사례는 요즈음 TV 프로그램 중에 "이제 만나러 갑니다" 라는 TV 프로에서 탈북 여성들이 탈북 후 중국 가정에 팔려 강제 결혼해 살고 있다는 프로를 보면서 충분히 그럴 수 있겠다는 확신이 들었다.

그리고 중국 인구가 너무 많다 보니 국가에서 1가구 1 子女 정책 때문에 더욱 심각하고 실제로 둘째 아이는 호적에 등재 안 하는 경우가 당시에는 많다고 한다. 이러한 이유로 근로자 모집에 어려움이 많았다.

중국 반도체 공장 설립목적을 여러 가지 크고 작은 사건이 많이 있었지만 큰 過誤 없이 양산 체제와 물량 수주까지 고객 확보를 하고 해외 반도체공장을 완성한 후 본사로 돌아올 수 있어 함께했던 주재원과 본사에서 파견되어 함께 고생했던 모든 직원들에게 글로써 감사함을 전하고 싶다.

이후 1998년 현대전자에서 분리하여 미국법인 ChipPac으로 새 출발 하였고 이후 2004년 싱가포르의 스태츠社와 합병되고 다시 2015년 중국의 JCET社와 두 번째 합병을 통해 오늘에 이르고 있으며 인천 영정도에 "스태츠칩팩 코리아"와 중국 상해에 "스태츠칩팩 상하이"로 두 개의 공장이 중국의 JCET 구룹에 소속되어 반도체 패케징 전문 회사로 세계 3번째 로 규모가 큰 패케징 회사로 성장 하였다.

5

현대 LCD 신규 사업부로 전배되다

10.4 인치 판넬

5 — 현대 LCD 신규 사업부로 전배되다

신규 사업에 보임 되다

본사 귀임 후 반도체 사업본부 부문장 staff 조직으로 부문장을 보필하는 직책으로 직무 변경되었다.

주요 업무 범위는

- 반도체 경영계획수립 및 실적 보고
- 반도체 개발 계획 수행 실적 보고
- 반도체 운영 계획 및 실적 보고
- 반도체 회의 자료 취합 (생산기술 품질 개발 영업)

이러한 내용이었는데 반도체 현장에서 일하던 나로서는 動的에서 靜的 업무 형태로 바뀌니 심적 부담이 컸었는데 얼마나 스트레스가 심했었는지 "대상포진"으로 엄청 고생을 하였는데 질병 치료 후 등에 흉터가 지금도 남아 있을정도로 매우 심하게 병치레를 했다.

하지만 부문장 staff 업무를 수행하면서 배운 것도 많았는데 보다 큰 규모의 사업계획과 운영계획을 수립한다 던가 반도체 개발 계획에 참여해 본다든가 사장단 회의 자료을 만들어 보는 쉽지않은 일을 경험한 것이 나에게 좋은 경험이 되었다고 생각되어 의미 있는 업무였다.

1년여 staff 업무를 하고 난 후 신규 사업인 LCD(Liquid Crystal

Display) 사업본부로 보직 변경 되었다.

최근 새러운 LCD Pannel 시장이 부각되면서 현대전자도 LCD 사업에 진출하게 되는데 기존에 TN/STN 소형 pannel 사업과 신규사업으로 중대형 LCD Pannel 사업에 진출하면서 현대전자內에 "LCD 사업본부" 조직이 만들어 지고 투자 규모도 증가하면서 조직이 확대되어 LCD 제조 부문 담당 임원으로 97년 9월에 전보 발령 받아 또다시 새로운 업무가 시작 되었다.

반도체 업종에 30여년 동안 종사하면서 너무도 다양한 반도체 관련 업무를 접하게 되어 그때마다 항상 마음 부담을 갖고 회사 생활을 하고 있구나 하고 생각하게 되었다.

TFT LCD 공정(Process)를 소개를 하면 前공정은 반도체 Fab 공정과 비슷하고 後공정은 반도체 패케징 공정의 개념과 비슷하다고 보면 될 것이다.

참고로
(TFT ; Thin Film Transister)
(LCD ; Liquid Crystal Display)

前 工程은 Array process, 後 工程은 Module process라 하며 조금 더 구체적으로 정리해보면

유리 (Class) 기판 → Gate/Source/Drain → Color Filter 합지 → 액정(液晶/LC)주입 → 검사 → PCB 부착 → Back Light 조립 → Aging (경화) → 출하

제조능력을 증가시키기 위해 전 공정의 Array 장비는 해외에 발주

하고 후공정의 Module 조립 장비에 대한 발주는 국내업체를 찾아 자체 기술팀과 공동 개발하기로 결정하고 개발업체와 협업(協業)하여 Module 장비가 개발 완료되어 몇 차례 수정 보완 후 입고되고 양산에 적용하여 개발 완료 보고서가 작성 되었다.

그 이후 LCD 사업본부는 "현대 Hydis" 라는 상호명으로 변경되었으며 LCD Pannel 제품군(群)은 10인치, 12인치, 15인치, 18인치 등으로 TFT Pannel 이 속속 개발되어 출시면서 해외 시장진입도 활발히 추진되어가는 중에 PC 시장이 침체국면에 접어 들면서 LCD 사업본부의 최대 위기를 맞게 되었다.

급기야 회사에서는 전반적인 구조조정에 LCD사업을 매각하기로 결정하고 중국과 대만에 매물로 나와 최종 중국의 東方電子(BOE)라는 회사로 매각되게 되었다.

퇴직기념패

매각 후 대폭적인 기술 인원의 파견과 공정 기술을 전수 받아 오늘날 LCD panell 부문 제조능력이 세계 1위 기업으로 성장하게 되면서 한국이 전 세계 pannel 시장을 지배하던 시장을 완전히 중국으로 빼앗기는 결과가 되어 LCD 사업 초기에 몸담았던 나로서는 너무도 안타깝고 한편 우울한 마음을 가지게 하는 일이었다.

  BOE 에 매각 후 나는 회사 측으로부터 권고 사직 통보를 받게 되고 30년간 반도체 분야에서만 즉 반도체 패케징, 반도체 L/Frame, 반도체 Fab, Hybrid IC, 반도체 해외공장, TFT LCD, 그리고 퇴직 후 반도체 부품제조업체 (Capilary : Wire Bonding 용 부품)에 근무하는 등 다양한 분야에서 경험을 하고 마무리 하게 되어 나름 내게는 크나큰 보람과 행복한 회사 생활을 했다고 생각하고 그간의 기억을 글로 남기면서 다음과 같은 문장으로 30년을 정리해보면 "반도체와 함께한 30년" 이라고 정리해 본다.

반도체와 함께한 30년의 지난 이야기를 마지막 정리하면서 매우 중요한 시사점을 반도체 현장에서 직접 체험적으로 느끼게 되었는데

* 리더(leader)가 갖추어야 할 덕목으로는
    - 끊임없이 새로움을 창출하기 위한 "創意力"
    - 모든 일에 있어 "率先 垂範" 하는 자세
    - 다양한 의견을 들으려 하는 "傾聽"의 열린 마음
    - 목표를 성취하기 위한 강력한 "推進力" 이고

* 그리고 바람직한 勞社 關係 와 勞社 文化는
    - 근로자의 고충을 들어줄 수 있는 "制度的 裝置"
    - 근로 현장의 쾌적하고 다양한 "勤勞 環境 改善"
    - 활발한 소통으로 "信賴 關係 構築"

이라는 내용으로 정의해 볼 수 있을 것 같다

2장
韓國 半導體 發展史

반도체 Wafer

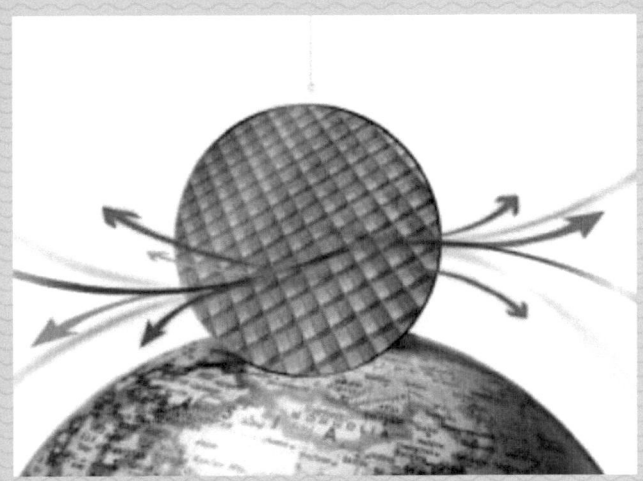

- 반도체 용어 설명
- 해외 한국 반도체 진출 현황
- 한국 반도체 사업 진출 현황
- 한국 반도체 사업 현황
- 한국 반도체 기업 중국 진출 현황
- 글로벌 반도체 현황
- 반도체 제조 공정

1. 반도체 용어 설명

- FAB (fabracation) ······ 제조(반도체)
- PKG (package) ······ 포장 / 패케지
- Fabless ······ 반도체 설계만 하는 회사
- Test ······ 반도체 기능시험
- Assembly ······ 조립
- Foundary ······ 반도체 설계한 대로 생산하는 반도체 회사
- Yield ······ 수율,양품율
- Process ······ 공정
- Manifacture ······ 제조
- nm(nanometre) ······ 10억 / 1미터 (10nm,7nm,5nm,3nm)
- Lamination ······ (적층)
- Memmory Cell ······ 기억 소자
- Clean Room ······ 청정실
- Particle ······ 먼지 입자
- Utility ······ 공장 기본 설비
- DI Water ······ 순수 / 시수
- Cleaning ······ 세정
- Etching ······ 식각
- Photo ······ 사진

- Photo Resist ·· 감광액
- Diffusion ·· 확산
- Productivity ··· 생산성
- Reliability ·· 신뢰성
- QC(quality control) ······························· 품질관리
- QA(quality assuarance) ······················· 신뢰성
- Packaging ·· 반도체조립
- stacking ·· 반도체을 수직으로쌓는 것
  (127단, 234단, 237단, 300단)

② 해외 한국 반도체 진출 현황

＊ 패케징 공정 (후공정)

1) 페어챨일드 : 서울 대방동 ·················· 67년
    - FAB 공정 : 부천 도당동(現在)
    - 후공정(pkg)--> sp 반도체 매각(부천)

2) 시그네틱스 : 서울 등촌동 ·················· 66년
    - 후공정(pkg) --->영풍구룹매각 (파주)

3) 모토롤라 : 서울 광장동 - ·················· 69년
    - 후공정(pkg) ·················· 대만(ASE)에 매각(파주)
    - IMF 후 매각 (제품 : 각종 TR)

4) 콘트롤데이타 : 서울 구로공단 ············ 69년
    - 후공정(pkg) ·················· IMF 후 철수
    - 제품 : Power IC

③ 한국 반도체 사업 진출 현황

1) 아남산업 : 화양동 ·················· 68년 설립자(김향수회장)
   - 후공정(PKG) 전문

2) 한국 반도체 설립 ·················· 74년부평공단(강기동박사)
   - 반도체 FAB 공장
   - 제품 : C-MOS(시계 칩) / L-IC(Bipolar IC)

3) 삼성 반도체 설립 ·················· 74년 삼성전자
   - 삼성 반도체 ·················· 한국 반도체 인수
     (FAB 공장 / 부천)
   - 제품 : L-IC, C-MOS, TR, DIODE
   - 페어챠일드 대방동(PKG) 공장 인수
   - 대방동 공장 : 후공정 PKG
   - 부천공장 : 반도체 FAB
- 현재 천안캠퍼스 ·················· FAB & Foundary 운영
     * Dram 개발
       (16k : 82년 64k : 85년 256k : 92년)
   - 반도체 세계 1위 달성 선포
     * 이병철회장 어록
       "우리는 왜 반도체를 해야 하나"

- 메모리 반도체 기흥공장 착공 ·············· 83년
- Foundary 사업 분리 ························· 2017년
- Foundary 사업 세계1위 목표 달성 선포
  - 2030 : 3nm나노(GAA)공정개발 및 양산 선포
  ····················· 22년7월
  - 대만 TSMC Foundary 사업진출 ········ 87년

4) Amkor(상하이 푸동단지내)
- IBM 후공정 pkg 공장 인수 ················ 03년
- 세계 반도체 경기 최대 호황기 ············· 92년~95년

5) 현대전자 반도체 사업 진출 ··················· 82년(이천)
- Dram 반도체개발 ···························· 64k : 85년
  256k : 93년
- LG 반도체사업 인수 ························ 99년

6) 광전자 반도체 진출 ··························· 84년
- 주얼리 공단(전북 裡里市)
- 제품 : diode 후공정 pkg

7) 금성 반도체 사업 진출 ·················· 90년
   - 청주 공장
   - 제품: L-IC (FAB & 후공정) ············ 금성
   (현재 LG상호로 변경됨)

8) 대우 반도체 ···························· 95년
   - 서울 구로공단(內)
   - AT&T와 합작사로 진출
   - 광전자 ······························ 대우반도체 인수
   - 대우반도체 인수 후 반도체 장비
   중국 大練(다롄) 공장 이전

9) 동부반도체 사업 진출 ···················· 97년 (진천공장)
   - 아남(Amkor) 반도체 진출 ············ 98년 (부평)
   - 아남 반도체 인수 ····················· 02년 (부평)
   - 진천 & 부천공장 Foundry 운영 ······ 05년

④ 한국 반도체 기업 중국 진출 현황

1) 韓中 修交(92년 08월)

2) 삼성(중국 蘇州 싱가포르 공단내 공장)
   - 蘇州(수조우) pkg 공장 건설 ·· 93년
   - 西安(시안) fab 공장(dram) ·· 2014년

3) 현대(현대 반도체 중국법인 설립)
   - 上海市 靑浦(칭푸) 공장 건설 ·· 92년
   - 중국 无錫(우시) fab 공장(dram) ································· 2002년
   - 중국 中京(충칭) 후공정 pkg 공장 ································· 13년
   - LCD 사업 중국 BOE에 매각 ··· 2003년

4) Amkor 上海市 浦東(푸동공단 內) 반도체 진출
   - IBM 후공정(pkg) 공장 인수 ·· 2003년
   #세계 반도체 경기 大호황기 ······························· 92년~95년

5 반도체후 공정(패키징) 현황

1) 반도체 공정(Process)
    * 설계 → Fab → Test → pkg → Test → 판매

2) Memory 반도체 / System 반도체
    - Memory 업체
      majer 3(삼성, Skhynix, 마이크론)
    - Foundary 업체(메모리/system 반도체)
      majer 3(TSMC, 삼성, Intel)
      기타(SMIC, DB, 등)

3) 후공정(Package)
    - Majer 3 OSAT
      (ASE, Amkor, JCET, 기타)
    - 국내 pkg 전문업체
      (매그너칩, 하나마이크론, 네패스, 시그네틱스, 윈팩, ASE)
    - 국내 test 전문업체
      (스템코, 스테코, 하이셈, 퓨렉스 등)

4) 설계 업체(Fabless)
    - Majer : AMD, 퀄컴, 인텔, 엠비디아, 애플
    - 국내 약 20 여개 중소회사 사업중

6 반도체 제조 공정

1) 반도체 공정(Process)
   * 설계 → wafer fab 공정 (process)
     - wafer(silicon)
     - 산화(oxide)
     - 도포(photo : 노광 / mask / 현상)
     - 식각(etch)
     - 이온주입(deposition)
     - 증착(implant)
     - 식각 / 연마(etch/grind)
     - 단자(gate)
     - 증착(implant)
     - 식각 / 연마(etch / grind)
     - 기능시험(function test)

2) 후공정(package process)
     - wafer(반도체)
     - grind(연마 / 식각)
     - saw(웨이퍼 절단)
     - assembly(attach : die부착 & wire 결선)
     - mold(봉합 : 수지)
     - plating(리드후레임 도금)
     - trim(리드후레임 절단)
     - 기능시험(function test)

3) 품질평가(quality test)
- test
- QC 검사
- QA(신뢰성 검사)
- Out Going(출하검사)
- Shipping(선적)

4) Wafer & 패케징 Process 소개

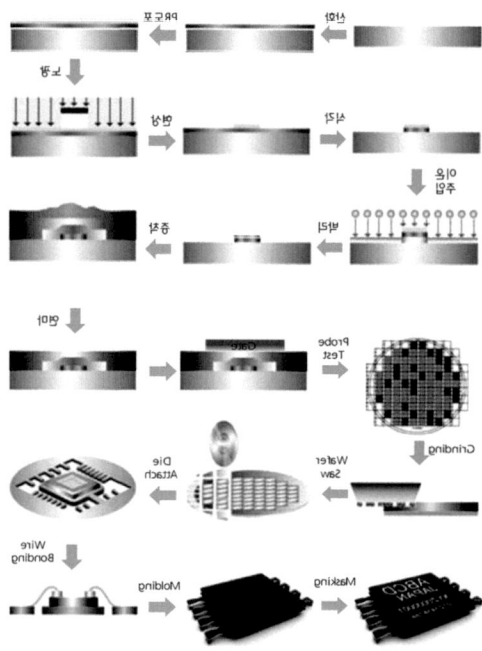

3장
HBM 반도체 제조 기술(Technolgy)고찰

반도체 기술탐구

HBM 실장

- TSV
- TC Bonding
- MR-MUF (mass reflow molded under fill)
- MR-MUF 의 넥스트 레벨, 하이브리드 본딩

프로필

- Signetics (반도체) ··· 76년
- 三星電子 (반도체) ··· 78년
- 現代電子(現 SK하이닉스) ······································ 86년
  - 싱가포르 TI 반도체(社) 연수
  - 勞動部 부설 노동 硏究院 수료
    (勞,使,政 최고위 課程)
- 中國 上海 (靑浦) 現代電子
  반도체공장 ··· 94년
- BOE 하이디스(현대 LCD) ····································· 97년
  - 일본(日本) 도요다 자동차 연수
    (在庫 管理 看板 System)
- 江陵 原州 大學院 수료 ·· 21년
  - 경제정책과학 최고위 과정
- 강릉 폴리텍 大學校 전임강사 ································ 23년
  - 일 학습 병행 과정 전임

A 반도체 기술탐구

SK하이닉스의 HBM 패키징 기술 및 TSV 와 MR-MUF

A 반도체 기술탐구

1 — TSV

HBM 하면 단골손님처럼 등장하는 TSV 는 Through Silicon Via 의 준임말로 실리콘(반도체 wafer)를 관통하는 배선, 즉 실리콘 관통 전극이다.

반도체의 집적도를 높이기 위하여 HBM은 여러장 wafer에 반도체를 만들고 이를 적층하는기술이다.

이렇게 적층된 반도체를 연결하기 위해 기판 역할 wafer에 반도체를 만들고 이를 적층하는기술이다.

이렇게 적층된 반도체를 연결하기 위해 기판 역할을 하는 Silicon wafer 자체를 관통하여 구멍을 뚫고 이 속에 구리(Cu)처럼 전기신호를 잘 전달할 수 있는 금속 물질를 채우는 기술이다.

Skhynix 는 2013 년 TSV(through silicon via) 구조를 적용한 HBM을 세계최초로 개발 및 양산하는데 성공했으며, 이후 고용량(high dencity) 제품으로 개발된 3DS 제품의 양산도 진행했다

2019년에는 HBM2E 을 개발하고 10개월 만에 양산에 성공하면서 HBM 시장에서 우위를 선점하였다.

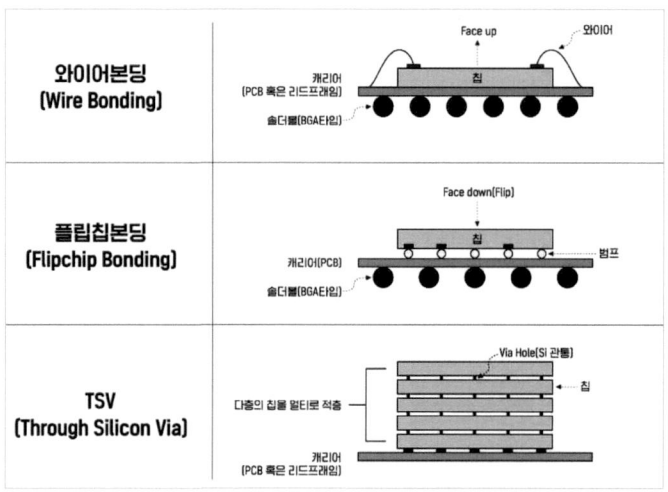

패키지 구현 방식

   HBM 은 반도체 간 연결과 I/O와의 연결를 위해 이러한 TSV를 사용하는데 아래 그림에서 TSV가 1024개 라는 것은 TSV 로 chip 에 뚫어낸 구멍수가 1024개 라는 뜻이다.

   만든 구리 배선 그리고 가는 배선을 또 다른 D램 통할 수 있는 고속도로 같은 길을 만드는 것이다.

그리고 적층된 반도체들 사이로 TSV를 연결하는 가교역할을 하는 것이 있는데 이를 마이크로 범프라고 한다.

1024개의 배선 바깥에 살짝 구리 돌기(cu pillar)를 만든후에 이 돌기 가장 바깥쪽에 납(solder)를 얹어서 납땜하는 방법을 쓴다.

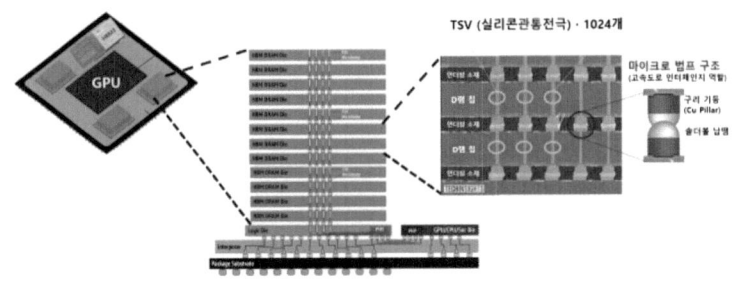

SK하이닉스 HBM3 내부 구조

2 — TC Bonding

위에서 설명한 HBM을 만들때 적층하는 여러장의 wafer 사이를 무언가로 채워야 한다. 원래 Sk hynix 가 사용했던 방법은 TC-NCF (Thermal Compression Non Conductive Film)를 활용한 TC Bonding 이라는 공정이 있었다.

TC 본딩은 "Thermo compression"즉 열 압착 방식이다.

D램칩 연결할 곳을 겹쳐서 놓은 뒤에 달아오른(Thermo) 다리미 같은 장치로 위쪽을 눌러서 붙이는 열 압착 방식이다.

(압 : Compression 방식)

이러한 TC 본딩을 하는 장비를 만드는 업체가 한미 반도체" 회사이다.

 TC 본딩을 할 때는 D램 칩 사이에 마치 샌드위치처럼 NCF 라는 "절연 필름"을 덧댐이다.

일정 온도가 넘으면 이 필름이 녹으면서 범프간 연결을 유도하고, 마치 본드 처럼 두개 칩이 고정될 수 있도록 하면서 칩 사이 공간도 메우게 된다.

언더필 (underfil) 이라고 한다. 이러한 절연 필름은 범프와 배선 외 전기 흐름을 통제하는 역할도 한다.

NCF 에는 통상 접착제 소재로 많이 쓰이는 에폭시와 함께 아크릴 등 소재가 섞여 있다.

그런데 이 공정에서 문제를 인지하기 시작합니다. 아무리 기계를 정교하게 조작해서 TC 본딩을 한다고 해도 반도체 칩에 가해지는 열과 압력을 1024개 범프에 일정하게 전달하는 것 이 쉽지 않았다.

 전기신호 전달을 위한 1024개 배선 외에도 곳곳에서 발생하는 열을 흡수하기 위해 칩 아래에 "더미 범프"라는 요소도 설치 해야 했는데 이러한 더미 범프까지 늘어나면서 압력과 같은 물리적 에너지를 전체에 골고루 전달하는 것이 어려워 졌다.

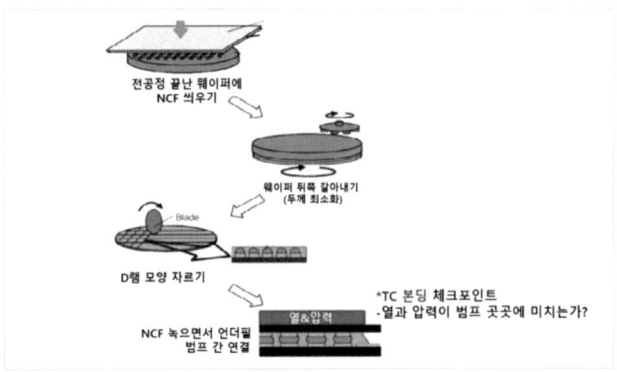

HBM 제작시 NCF를 활용한 TC(열압착) 본딩

 또 HBM을 만들기 위해서는 쌓아 올리는 wafer를 얇게 만들어야 높이가 높아지지 않고 최고 반도체 device 의 두께가 두꺼워지지 않는다.

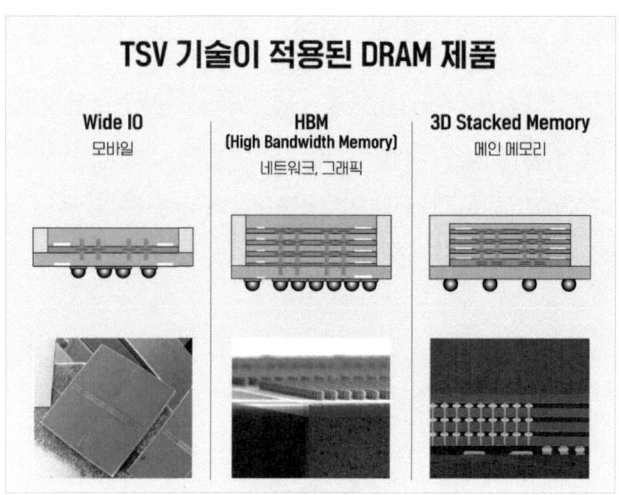

TSV 기술이 적용된 DRAM 제품

이를 위해 반도체를 wafer에 형성한 후에 각 층이 되는 wafer 뒷면을 갈아내는 작업 grinding도 해야 한다.

그런데 이때 조금이라도 균일하지 않은 두께로 갈아 낸다면 칩 곳곳에 미치는 압력이 또 달라지고 불량률이 높아지게 된다.

게다가 TC 본딩 작업은 칩 하나하나에 압력을 주는 공정이라 한번에 많은 칩을 만들 수 없다는 단점도 있다.

3 ── MR-MUF(mass reflow molded under fill)

Sk hynix 에서는 이러한 TC본딩의 문제점을 해결하기 위해 MR-MUF 라는 기술을 사용하게 되었다.

MR은 "매스 리플로" 라는 방법인데 reflow 라는 납땜 방법은 마치 쿠키를구을 때처럼 대형 오븐에 여러개 칩을 집어넣은 다음 한증막 같은 오븐안에서 납이 녹으면서 때우는 방식이다.

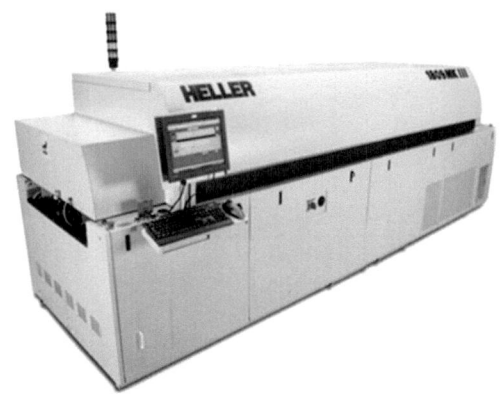

최근 Sk 하이닉스는 매스리풀로에서 발생할 수 있는 각종 단점을 보완 했다.

다양한 소재를 개선해서 기존보다 가열하는 온도를 낮추고 열을 가하는 대신 레이저를 칩에 번쩍 쏴서 공정시간을 단축한 공정도 개발하였다.

이 MR 공정를 하는 이유가 바로 MUF 일명 머프를 하기 위해서다. TC본딩이 NCF라는 필름을 중간에 끼워서 열과 압력으로 "샌드위치" 시키는 방법이라면 MUF 는
- 칩을 일단 MR 방식으로 납땜을 하고 나서
- 칩 사이사이의 간극을 액체로(실리카, 애폭시 알갱이로 구성된 소재) 채우면서 단단하게 굳히는 "언더 필" 작업과 동시에
- 이 칩을 보호하는 일종의 껍데기 마감 작업인 molding을 동시에 하는 방법이다.

그래서 몰디드 언더필 (Molded Under Fill) 라고 부른다.

납땜 공간 사이사이를 끈적한 액체로 채우는 작업이라 열과 압력이 미치지 못할 걱정을 안해도 되고 사실 기존에는 언더필 작업을 캐필러리로 작업해 왔는데 언더필 과 함께 마감(molding) 작업까지 동시에 해버리니까 공정이 훨씬 단단해져 생산성이 올라가는 장점이 생겼다.

이렇게 MR 과 MUF를 합쳐 12단 HBM 패캐징 기술를 구현된 것이다.

Sk하이닉스의 HBM 3세대 제품인 "HBM2E" 부터 적용돼 작년 22년말부터 공급중인 신제품 "HBM3"에도 적용중인 기술이다.

기존 TC-NCF 방식을 사용했으나 5년 이상의 개발(thermal compression non-conductive film) 기간을 거처 Sk하이닉스가 세계최초로 MR-MUF 기술로 전환했다.

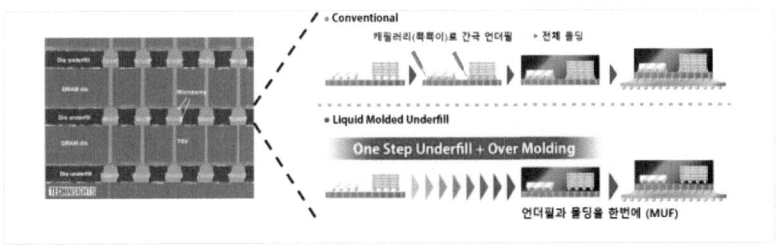

MR-MUF : 오븐에 구워서 납땜 + 액체로 언더필과 마무리(몰딩)를 한번에
= TC 본딩보다 구석구석 정확히 납땜, 생산성 UP!

경쟁사인 삼성전자, 마이크론 등 타 HBM 제조사들은 아직 TC본딩 방식을 활용하고 있는 것으로 알려졌다.

Sk하이닉스는 이 MR-MUF를 일본 소재 회사 나믹스와 협력해서 상당히 만족할만한 수율과 기술경쟁력을 확보한 것으로 알려지고 있다.

당초 삼성전자등 경쟁 업체들은 MR-MUF를 적용하는것은 불가능 할 것이라 내다봤다. 하지만 Sk 하이닉스 pkg개발조직이 일본 나믹스란(Namics) 기업을 통해 소재를 공급받아 개발에 성공 했다.

이 같은 소식에 삼성전자 역시 현재 MR-MUF 방식을 연구중인 것으로 전해진다. Sk 하이닉스는 5세대 HBM3E는 물론 26년 양산 예정인 HBM4 에도 MR-MUF 기술를 유지 하겠다는 입장입니다.

이후에는 하이브리드 본딩으로 갈 예정이나, 16hi(16단 적층제품) 를 제외한 8hi,12hi 제품에는 HBM4 이후에도 계속해서 MR-MUF 를 유지할 것이라 발혔다.

MR-MUF 는 우수한 방열, 품질 우수성, 생산성 향상 이 이점으로 이야기 되고 있는데 앞서 설명 했듯이 MR-MUF 는 액체 소재로 중간 빈 공간을 void 없이 채우기 때문에 방열 특성이 우수하다.

이 MR-MUF는 상온(25도C)에서 10n의 아주 작은 압력으로 공정이 진행 되기때문에 웨이퍼 휘어짐(warpage) 현상을 최소화 할 수 있다.

게다가 TC-NCF에서 높은 열을 주고 열을 식히는 시간이 모두 필요한데 MR-MUF 에서는 이 시간을 절약할 수 있어 생산성이 3배 개선 됐다고 언급 했습니다.

기존 TC-NCF 방식에서 사용하던 TC Bonder은 기존 flip chip bonder 대비 열과 압력을 주는 모듈을 과다하게 사용한 바로 근본 원리가 다르지 않기 때문에 MR-MCF 로 전용이 가능하다.

따라서 기존 TC-NCF 방식 사용시 투자했던 TC Bonder 장비를 사용해 capa를 늘리는데 활용할 수 있다.

반면에 MR-MUF 로 생산성이 높아졌기 때문에 후공정 생산성은 오히려 여유가 있게 된다.

4 — MR-MUF 의 Next 레벨, Hybrid 본딩

 MR-MUF 공정도 한계가 있다. 향후 HBM이 발전할수록 정보 입출구 (I/O) 역할를 하는 pin(핀) 수와 이걸 연결하는 범프 및 더미범프수가 계속 늘어 날것이다.

 그러다 보면 범프 간격이 좁아지고 MUF 공정을 할 때 칩아래 범프 사이사이로 underfill 물질로 사용되는 액체가 본래 갖고 있는 점도 때문에 제대로 빈틈없이 스며들 수 있는지 여부에 대한 더 많은 수의 D램을 적층할 기회가 생기며 또 여러 장치와 가교 없이 칩을 포개어 버리기 때문에 적층된 D램이 훨씬 유기적으로 정보를 교환할 수 있다.

 하이브리드 본딩은 쉬운 기술이 아니다.

 전선 역할을 하는 "구리"와 절연체 역할을 하는 산화막 (SiO2) 특성이 다른 물질를 "하이브리드" 방식으로 이어 붙여야 하는 난도 높은 공정이다.

 앞으로 Sk하이닉스가 이런 난제를 극복하고 HBM 제조에 하이브리드 본딩을 언제, 어떻게 활용할 것인지 살펴보는 것도 관전 포인트가 될 것이다.

 전 세계적인 HBM 3E에서 Up Grade 된 HBM4가 하반기부터 출시된다고 공식적으로 TSMC 의 발표가 있었고 Skhynix 에서도 양산에 곧 들어간다는 발표도 있드시 불확실성이 높아진다.

그래서 고안되는 방법이 "하이브리드 본딩" 이다

하이브리드 본딩은 주로 대만 파운드리 업체 TSMC의 패케징 기술의 특징이며 기존의 칩을 연결할 때 solder ball로 "납땜"을 하던 방식과 달리 칩과 칩을 포개버리는 방식으로 유명하다.

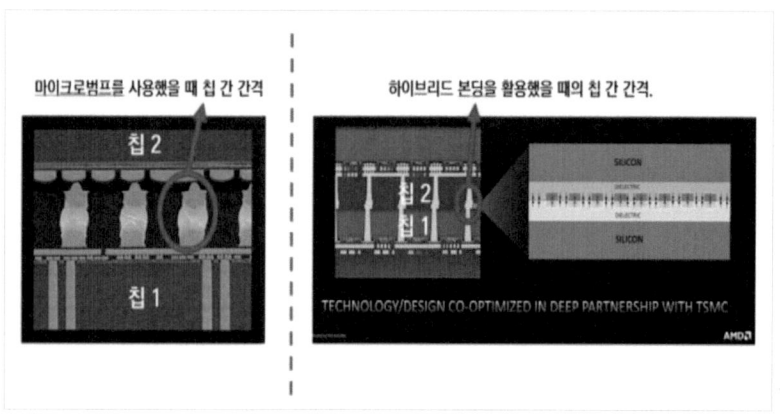

이 기술이 시스템 반도체 뿐만아니라 HBM 에도 적용된다면 상당히 큰 기술적 진보를 할수 있습니다.

칩을 연결 하기위해 필요했던 구리(cu) 기둥과 solder(납땜)이 아예 사라지기 때문에 두께가 얇아진다.

더 많은 수의 D램을 적층할 기회가 생기며 또 여러 장치 와 가교 없이 칩을 포개어 버리기 때문에 적층된 D램이 훨씬 유기적으로 정보를 교환할 수 있다.

하이브리드 본딩은 쉬운 기술이 아니다.

전선 역할을 하는 "구리"와 절연체 역할을 하는 산화막(SiO2) 특성이 다른 물질를 "하이브리드" 방식으로 이어붙여야 하는 난이도 높은 공정이다.

앞으로 sk하이닉스가 이런 난제를 극복하고 HBM 제조에 하이브리드 본딩을 언제, 어떻게 활용할 것인지 보는 것도 관전 포인트가 될 것이다.

전 세계적으로 돌풍을 일으키고 있는 HBM 제품에 대해 국제 반도체 표준 협의기구 (JEDEC)가 고대역폭 메모리 HBM 표준이 완성단계에 접어들어 향후 HBM3E의 뒤를 이을 16단까지 적층이 가능한 HBM4 제품이 시장에 출시되면 새로운 "게임의 룰"로 인해 또 한번의 변혁기에 접어들어 경쟁사 SK하이닉스, 삼성전자, 마이크론 간의 치열한 시장 쟁탈전이 전개되는 것을 보게 될 것이고 JEDEC 표준은 신형 반도체 설계 제작 및 패케징을 위한 "지침서"가 되기 때문일것이다.

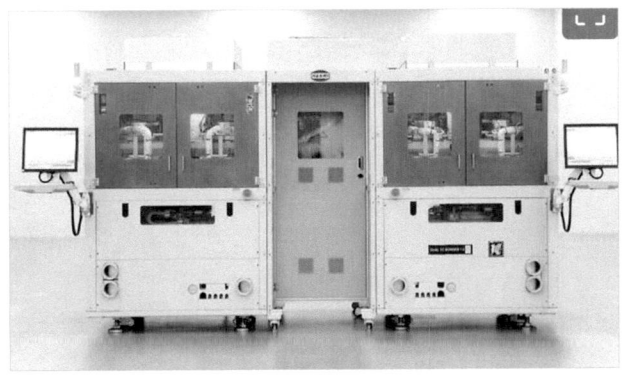

한미반도체의 HBM 필수 공정 장비 '듀얼 TC 본더'

HBM(고대역폭메모리) 연간 판매량이 기록을 경신하고 있는 가운데 현 시장 점유율를 보면 Sk하이닉스 60% 삼성 30% 고객 맞춤형 HBM을 개발해 시장을 향후에 고객을 선도하겠다는 계획을 밝히고 있는 것처럼 경쟁사들이 가장 핵심 장비로 부각 되고 있는 "TC Bonder"를 국내 기업이 만들고 있어 HBM4 6세대 제품이 양산 시작 되면 그 수요는 대폭 증가될 것으로 예상 된다.

반도체 제조업체들의 경쟁은 더욱 치열해지고 있으며 경쟁업체로는 삼성 Skhynix 마이크론 TSMC 들로 향후 시장을 선도해나가는 업체가 어디가 될지 지켜 보는 것도 매우 흥미로운 관심사가 될 것이다.

네델란드 기업인 ASML 처럼 한국하면 반도체 "TC Bonder" 제조국의 명성을 갖게 될 것으로 예상된다.

또 한 반도체 기판 기술도 빠른 속도로 발전하고 있는데 반도체가 점점 고도화 되면서 반도체 기판 "FCBGA" (플리칩 볼 그리드 어레이)에 있는 플라스틱 기반의 코아(중심부)를 글라스로 바꾼 유리 기판이 주목 받고 있으며 판 표면이 매끄러워 회로 왜곡을 최소화 할 수 있는 데다 성능 향상과 전력 소모량 감소에도 탁월해 향후 에는 현재 FCBGA 기판 싸이즈보다 큰 유리 기판(150mm*150mm)에 "HBM 3E 12단" 반도체가 탑재되면 현재보다 성능과 전력 소모량이 감소 된 반도체가 시장에 출시될 것으로 기대 된다.

또한 8단에 4단을 추가해서 12단으로 stacking 하는데 있어 문제점은 단일 D램들의 두께가 얇아지면서 심화하고 있는 "휨" 현상으로 인한 단일 D램들의 상태를 검사하는 장비의 중요성에 주목하게 된다.

지금까지 2차원(2D) 장비로 휨 현상과 칩크랙(상처)을 검사했는데 휜 곳에 칩이 얼마나 많아 균열이 있는지를 분석하는데 한계가 있다.

12단에서 16단으로 바뀌더라도 부피는 비슷하도록갈고 닦아야한다.

따라서 입체감이 있는 3차원(3D) 기술을 도입하여 D램에서 발생한 결함을 정밀하게 확인되면 HBM을 만들기 전에 단일 D램의 성능이 정확하게 확인되면 HBM을 쌓았을 때 제품의 수율과 성능을 크게 끌어올릴 수 있어 공급량 확대가 가능하게되고 시장을 선도하게 되는 것이다.

12단에서 16단으로 바뀌더라도, 부피는 비슷하도록 침을 갈고닦아야합니다.

이 때문에 국내에 장비업체에서 활발히 HBM용 장비제작 및 개발에 박차를 가하고 있는 것은 매우 고무적인 것이다.

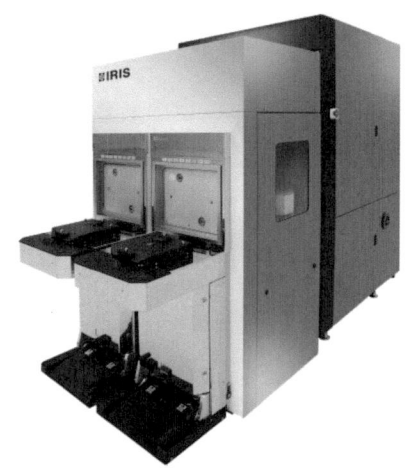

3D 검사장비

 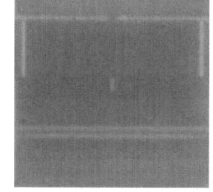

HBM3E 12H (Sk하이닉스)

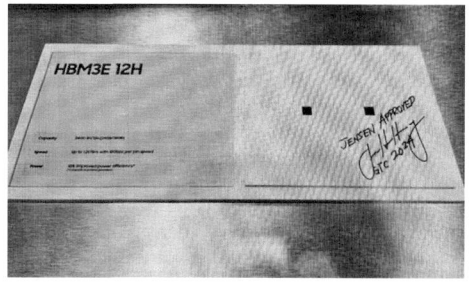

삼성 HBM3E 12H 승인 Letter

B

HBM 반도체 기술 발전 추세

LPDDR 제품

B HBM 반도체 기술 발전 추세

1 ─ LPDDR 과 GDDR 제품

이어서 HBM 메모리 제품의 차세대 제품인 LPDDR과 GDDR 제품에 대해서 살펴보자

향후 이 제품이 시장을 선도하면서 삼성, SK, 마이크론의 치열한 싸움이 전개될 것으로 예견되며 차세대 모바일 D램과 그래픽 D램 양산경쟁이 가열될 것이며 전력 소모를 줄이고 속도를 높인 고부가가치 제품이 빅3 社의 실적을 견인하는 제품이 될 것으로 예견된다.

Sk하이닉스 low power LPDDR 제품

삼성전자는 업계 최소 두께 12나노(nm:10억 분의 1m) 급 저전력 더블 데이터 레이트 (LPDDR5X) D램 패키지 제품 양산을 시작했다고 밝혔는데 이 패키지 제품은 12나노급 LPDDR D램을 4단으로 쌓아 만들었는데 D램칩 2개가 1단으로 총 8개의 칩이 내장된 것이다.

제품 두께는 0.65mm 로 현존하는 12GB 이상 LPDDR D램 중 가장 얇은 제품인 것이다.

향후 차세대 D램 경쟁이 더욱 치열해 질텐데 삼성전자, SK하이닉스, 마이크론 등 메모리 빅3 사가 한층 진화한 모바일용 저전력 D램 (LPDDR:Low Power Double Dater Rate)과 그래픽용 D램 (GDDR:Graphics Double Dater Rate) 제품들이 각사에서 잇달아 양산을 발표하면서 LPDDR 과 GDDR은 전력 소모를 줄이고도 데이터 속도는 향상한 대표적인 AI (인공지능) 메모리로 꼽힌다.

24년 하반기 HBM(고대역폭메모리)에 이어 메모리 3사의 LPDDR 은 전력 소모는 줄이고 데이터 속도를 높인 모바일용 D램인데 주로 스마트폰 등에 탑재되며 최근에는 AI 가속기, 서버, 등으로 영역을 넓히고 있는 실정이다.

SK 하이닉스 그래픽메모리 GDDR7 제품

메모리 두께가 얇아지면 완제품 내부에 여유 공간도 확보할 수 있어 발열 관리도 가능해지면서 차세대 그래픽 D램 전쟁도 치열해질 것이다.

이 제품의 시장 점유율 1위 SK하이닉스는 최근 업계 최고 수준의 성능을 구현한 7세대 GDDR7을 공개하고 경쟁사보다 한발 앞선 24년 3분기부터 양산에 돌입한다고 밝혔다.

GDDR은 GPU (그래픽 처리장치)에 주로 사용되는 Dram으로 동영상이나 그래픽 처리에 특화되어있는 제품이어서 데이터를 빠르게 처리할 수 있게 되고 전력 효율도 높아 AI 시대에 주목받는 SOCAMM(System On Advanced Memory Module)에 적용되는 메모리 제품으로 큰 기대되는 것이다.

빅3 (삼성전자, SK하이닉스, 마이크론) 에서 공히 GDDR7 과 LPDDR5X 개발을 마치고 24년 하반기부터 양산을 앞두고 있어 고객사들이 어느 메모리社의 차세대 LPDDR5X, GDDR7을 택할지가 현재 치열하게 경쟁 중인 HBM 제품경쟁만큼 관심사로 떠오르게 될 것이다.

최근 반도체 업계에서 SOCAMM(System On Advanced Memory Module) 소캠이 엔비디아를 중심으로 삼성전자, SK하이닉스, 마이크론 등이 협력하여 개발 중인 새로운 메모리 표준으로 자리 잡을 것으로 보인다.

기존 메모리 기술보다 성능과 에너지 효율성이 뛰어나며 특히 AI 시스템에서 데이터 병목 현상을 해결하는데 효과적인 것으로 알려져 있다.

이로 인해 반도체 시장에서 소캠관련 기술과 기업들이 큰 관심을 받고 있다.

SOCAMM 기술이 주목받는 이유는 반도체 시장에서 AI 시스템의 발전과 맞물려 있기 때문이다.

특히 엔비디아가 추진 중인 AI 슈퍼컴퓨터에 소캠이 적용될 가능성이 높아 시장의 관심이 집중되고 있기 때문일 것이다.

소캠은 기존 DRAM 대비 더 많은 I/O 포트가 694를 제공하여 데이터 전송 속도를 높이며 AI 연산에 중요한 역할을 할 수 있을 것으로 기대된다.

또 한 탈부착이 가능한 모듈형 설계로 컴퓨타 업그레이드가 용이한 것이 특징으로 판단된다.

2 ─ HBM4E 기술 발전 추이

HBM4E Stack 구조

 HDM4E의 응용 분야가 많고 다양한 고부가 메모리여서 빅3의 실적을 좌우할 열쇠이기도 하며 HBM 반도체 제조기술 발전이 향후 현재의 난해한 문제인 메모리 "저장용량"을 증가시키고 데이터 "처리속도"를 높이고 HBM이 "16단"까지 높이 쌓기 위해 "돌기 방식"으로는 한계에 부딪이게 된다.

따라서 이러한 난해한 문제를 해결하기 위한 방안으로 현재 적용하고 있는 TC 본딩 방식 "돌기(범프)" 방식에서 "하이브리드 본딩" 방식 즉 D램과 D램을 돌기(범프) 없이 16단까지 쌓아 높이를 줄여야만 저장 용량과 처리 속도 문제를 해결할 수 있으며 AI칩 발전 속도 또한 예상보다 훨씬 빨라지면서 AI칩 성능도 기하급수적으로 발전하고 있는 상황에서 신속히 대응해 나갈 수 있는 유일한 방법이 "하이브리드 본딩" 방식이 될 것이다.

 이 본딩 기술을 제조 방식에 적용된 차세대 제품인 HBM4 제품 출시 시점을 25년 하반기로 예상되고 있지만 고객 승인을 받아 출하하는 시점이 매우 중요하고 또한 더욱이 폭증하는 AI 시장을 선도해 갈 수 있을 것이다.

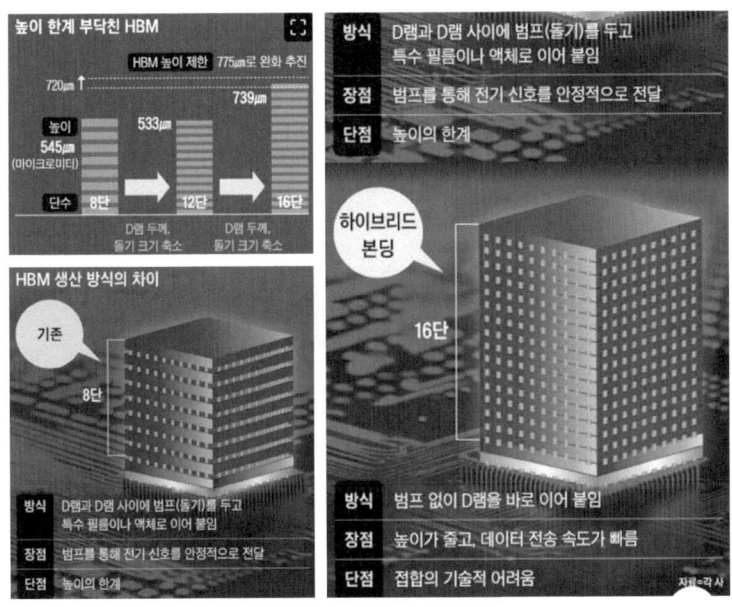

잠시 TC본딩과 하이브리드 본딩 방식의 장단점을 비교표에서 살펴보면 표와 같고 향후에 "하이브리드 본딩" 기술 발전이 국내의 장비 업체들이 활발히 연구 개발하여 적용되고 있어 HBM "본딩 장비"와 "검사장비" 기술이 세계 장비 업계를 선도하게 될 것이라 예상된다.

HBM4 시장 점유율을 살펴보면 데이터 전송 속도인 대역폭은 HBM3E 보다 66%, 저장 용량은 33% 늘어날 것으로 전망되며 HBM4 개발 로드맵도 애초 2026년에서 2025년 하반기로 6개월 이상 앞당기면서 경쟁적으로 각사가 매우 빠르게 움직이고 있는 실정이다.

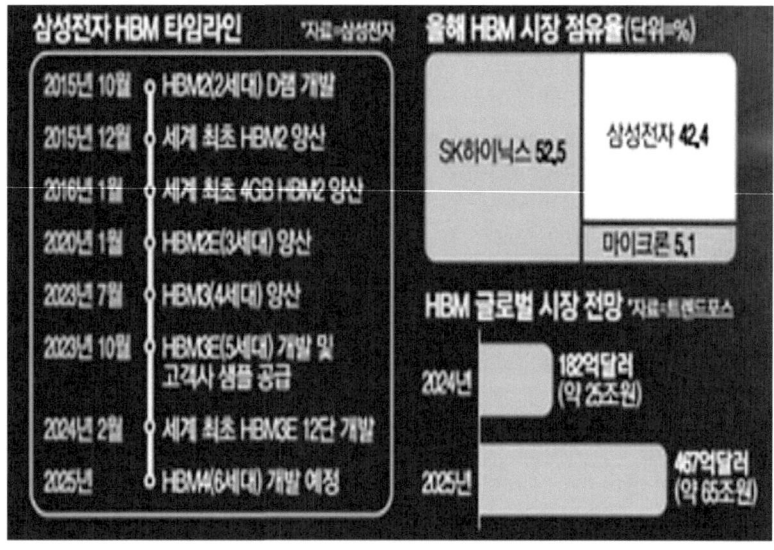

HBM 개발 현황과 시장 점유율표

따라서 AI 시장을 선점하기 위한 빅 3사의 경쟁은 매우 치열해 질 것으로 판단 된다.

또한 기존 세대인 HBM3E 까지는 현재의 베이스다이(기판)로 제작이 가능하였으나 6세대 HBM4 부터는 불가능하기 때문에 세계 파운다리 시장을 장악한 대만 TSMC가 고대역폭 메모리 핵심 부품인 베이(로직) 다이를 TSMC가 6세대 HBM인 HBM4부터 베이스다이를 직접 제작하겠다고 한다.

베이스다이는 HBM의 기반구조를 이루는 핵심 부품으로 위에 D램칩인 "코아다이"를 쌓고 실리콘 관통 전극(TSV) 기술로 수직 연결해 HBM을 완성하는 역할을 하는 것인데기존에는 베이스다이가 메모리 제조사의 영역으로 여겨저 HBM을 생산 할때 D램과 함께 제작했는데 TSMC 역시 고객사가 제공한 D램과 베이스다이를 받아 기판 위에 GPU 와 함께 조립하는 방식으로 작업을 진행해 왔다.

TSMC가 밝힌 HBM4 베이스 다이 '청사진'

12나노 또는 5나노 공정의 변형 사용
- "2TB/초가 넘는 12단(48GB) 및 16단(64GB)의 스택당 대역폭 소화 가능"

첨단패키징 기술 'CoWoS' 업그레이드 후 활용
- "칩을 서로 쌓아서 처리 능력 높이고 전력 소비 줄이는 2.5D 패키징 기술"
- "HBM4를 위해 CoWoS-L과 CoWoS-R을 최적화"
- "HBM4는 14mA 에서 6GT/s의 데이터 전송 속도를 달성 가능 전망"

2030년까지 극자외선 장비 웨이퍼당 에너지 효율 1.5배 향상

이러한 방식은 5세대 HBM3E 까지 유지되었으나 HBM4 부터는 베이스다이가 별도로 고객"맞춤형"으로 제작되는 체제로 전환될 가능성이 크다.

성장이 빠르게 높아지고 있는 HBM이 큰 영향을 끼친 것으로 보인다.

HBM은 16단, 20단 이상의 제품 양산을 바라볼 만큼 다음 세대로 넘어가는 속도가 매우 빠르기 때문에 HBM에 탑재되는 D램의 단수가 높아 질수록 베이스다이는 더 높은 대역폭을 이룰 수 있도록 최근에는 베이스다이에 요구되는 수준이 급격히 높아지게 되었다.

베이스 다이도 HBM의 발전속도에 맞춰 공정이 보다 세밀해 져야 하는 단계에 이르게 되면서 기업들의 생산 능력은 한계에 부딪힐 가능성이 부각되었다.

5세대 HBM인 HBM3E까지는 베이스다이를 자체 제작이 가능한 수준이었으나 HBM4부터는 높은 수준의 공정 기술를 갖지 않으면 제작하기 힘들 것이란 분석이다.

TSMC 는 HBM4용 베이스다이를 만들기 위한 체제를 구축하기 위해 관련 공정을 조정하는등 발 빠르게 움직이고 있는 것으로도 전해진다.

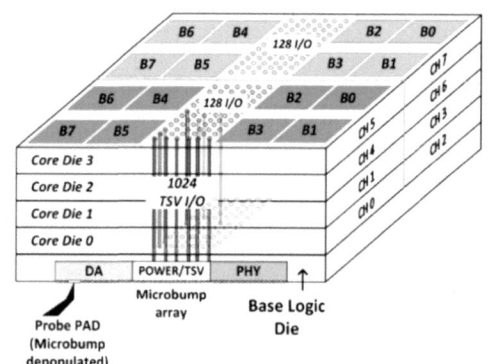

| 기존 HBM과 HBM4 구조상 차이점

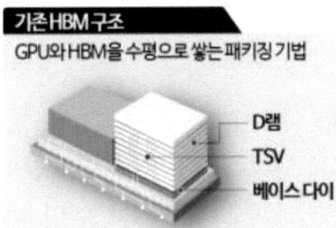
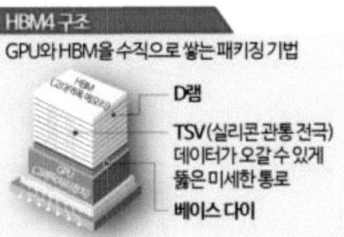

　SK하이닉스가 6세대 HBM인 HBM4E 의 베이스다이 공정을 TSMC에 맡기기로 한 데 이어 삼성전자도 최근 같은 결정을 내릴 가능성이 있는데 좋은 베이스다이를 확보하기 위해 TSMC등과의 협력이 필요할것으로 본다.

　"HBM 전체를 TSMC가 만들어주는 것이 아니라 베이스다이와 정밀한 전공정 수준의 패케징이 필요한 부분을 TSMC가 해주는 방식일 것으로 보인다.

　"차세대 HBM은 베이스다이 아래로도 많은 전선이 들어가야 하는 등 세밀한 공정이 필요해 지기 때문에 그런 문제 때문에 협력이 불가피했을 것" 이라고 분석 된다.

　SK하이닉스도 TSMC와 차세대 HBM 양산 협력 방안을 마련하면서 HBM4의 베이스다이 전공정(FEOL)과 TSV 웨이퍼 테스트, HBM 조립, KGSD (Known Good Stacked Die) 테스트 등은 기존의 후공정 공징에서 진행 될깃 이라 판단 된다.

"HBM(고대역폭메모리) 제조기술"과 HBM 기술과 향후 기술 방향을 마무리 하면서 과거 93년도 메모리 모듈 제조 업무를 담당하고 있을 때의 기억을 기술하면 당시 반도체 시장은 매우 호경기로 주력제품은 1M D램과 4M D램이 PCB 단면에 각각 8개씩 탑재(mounting)한 8M 메모리 모듈과 32M 메모리 모듈 제품이 주력 상품이었는데 이때 영업에서 고객으로부터 1M D램과 4M D램이 탑재된 "16M 메모리 모듈"과 "64M 메모리 모듈" 제품 공급 가능 여부를 문의해와 내부 기술 검토하여 패키지를 2개(2단) 스태킹하여 PCB에 탑재해서 메모리 모듈 쌤플을 만들어 고객에 제공 하였다.

쌤플 검토 결과 고객으로부터 제품승인을 받아 고객의 요구사항을 만족시켜주었던 기억도 있다.

결국 HBM(고대역폭메모리) 제조기술의 근본 기술의 개념은 패케지 2개를 스태킹 하여 모듈 제작을 했던 개념을 패케지(package) 대신 칩(chip)를 8단 또는 12단 스태킹하여 "HBM3E 8단" 또는 "HBM3E 12단" 제품 제조기술에 응용된 것이라고 판단 된다.

3 — 넥스트 HBM

넥스트 HBMDMFH 꼽히는 컴퓨트익스프레스링크(CXL) 메모리는 CXL은 중앙처리장치(CPU)나 그래픽처리장치(GPU)등 각 빈도체의 인터페이스를 CXL로 통합하면 메모리 용량 확대 효과를 낼수 있다.

이전에는 각 반도체 칩이 가지고 있는 메모리만 쓸수 있었다면 CXL를 도입할 경우 CPU가 GPU에 붙은 메모리도 빌려 연산에 활용할 수 있다.

고대역 메모리(HBM)가 정보의 고속도로를 대폭 늘린 제품이라면 CXL은 메모리 용량을 필요한 용량 만큼 나누어 쓰는 형식이다.

현재 삼성전자나 SK하이닉스는 제품 고객 인증을 진행하고 있고 인텔,AMD 같은 중앙처리장치(CPU)와 협력해 최종적으로 제품 공급할 계획이며 주요 고객사는 구글, 아마존, 마이크로소프트 등 주요 빅테크인 것으로 추정되고 있다.

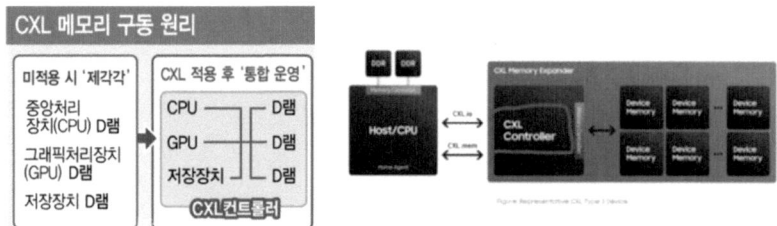

중국의 반도체 굴기속에 CXL 메모리의 시장 선점을 노리던 국내 메모리 기업들은 중국과 격차를 벌릴 수 있는 계기를 마련할수 있다는 평가이다.

4장
예향의 도시 강릉에 둥지를 틀다

미지(未知)의 세계를 여행하다

최초 그리운 금강산을 가다
백두산 관광을 다녀와서
북유럽 여행을 하면서
대자연의 아프리카 여행을 하고
퇴직후 삶의 환경을 그리다

1
그리운 금강산을 가다

금강산 만물상

1 — 그리운 금강산을 가다

　1998년 11월 24일에 금강산 관광이 시작된다는 언론 보도가 있은 후 관광 교통편은 스타 크루즈라는 대형 관광 전용 크루즈선 를 타고 3박 4일 일정으로 결정되었다.
　금강산 여행이 시작되기 전에 먼저 금강산 4계절 이름에 대해 각각 알아보면

봄 : 금강산(金剛山)
불교 경전인 화엄경에 유래되어 해동(海東)에 보살이 사는 금강산이 있다 라는 구절이 있는데 여기에 "금강"이라는 말이 유래되었다 함.

여름 : 봉래산(蓬萊山)
봉래산의 울창한 숲과 계곡이 마치 신선들이 사는 곳과 같다 하여 마치 여름에는 이곳이 신선들이 거주지로 상상하며 아름다운 풍경이 눈에 뜨인다 하여 봉래산이라 하였다 함

가을 : 풍악산(楓嶽山)
가을에 단풍이 아름다운 산으로 불리고 단풍의 아름다움은 가을에 이곳을 더욱 빛나게 합니다.

겨울 : 개골산(皆骨山)
겨울에 산의 모습이 앙상한 뼈처럼 보인다 하여 나왔으며 겨울에도

금강산은 독특한 아름다움을 뽐냅니다.

참고로 금강산 소재지는 강원도 고성군 북쪽의 회양군과 롱천군에 걸쳐 있는 산이며 최고봉인 비로봉(1,638m)을 중심으로 주변 면적이 약 160 평방 km에 이른다 한다.

이러한 보도가 있은 후 준비 기간을 거쳐 회사 내부 정식 문서가 각 부서에 발송 되면서 1차 관광 희망 직원 신청을 받게 되었는데 희망자를 파악해보니 희망자가 의외로 적어 원인을 들어보니 금강산관광에 많은 설램과 기쁨이 많이 있으나 북한 사회에 대한 두려움이 매우 크게 작용함이 가장 큰 이유라는 것을 알 수 있었다.

금강산만물상

이러한 수많은 우여곡절 끝에 98년 말에 1차 크루즈 관광이 시작되어 무사히 3박 4일간의 관광을 끝내고 직원들의 평을들어보니 북한 지역에 대한 두려움 보다 오히려 북한 지역에 대한 호기심이 높아져 기대 이상의 매우 신비롭고 금강산에 대한 아름다운 절경에 모두가 매료되었다고 아주 만족해하는 평가가 다음 차 2차 관광에는 오히려 순조롭게 출발 할 수 계기가 되었다.

나 또한 2차 관광에 우리 가족 모두 함께 두렵다는 생각이 해소된 상태로 즐거운 마음으로 98년 12월 말에 출발하게 되었다.

잠시 관광 일정을 기억해보면 회사 버스로 오후 강원도 동해항으로 출발해서 스타 크루즈에 오후 8시 30분에 승선후 출항해서 다음날 새벽 시간에 북한 장전 항에 도착하였다.

이때 북한마을에 대한 제일 궁금한 것이 전력사정이 매우 부족해서 가정집에 전기가 안들어온다는 말을 들었기에 장전마을 불빛이 몇 가구 될까 하여 선박 객실에서 어두운 밤 새벽 마을 집에 불 켜저 있는 가구 수를 헤아려 보았다.

구룡폭포

그러나 아무리 세어보아도 4~5개 정도만 불빛이 있어 한편 실망스럽고 너무도 열악함에 안스럽다 라는 마음이 찡 하였다.

아침 조식을 크루즈 내 식당에서 식사를 마치 등산 준비를 하고 하선함과 동시에 입국 절차를 받고 1일 차 금강산 관광아니 금강산 등산을 시작하는데 첫 등산 코스는 유명한 구룡폭포 코스로 계절이 12월 한겨울이라 금강산에 하얀 눈으로 덮혀 있어 이 또한 지금까지 보지 못했던 대단한 절경이라집에서 출발할때 반드시 아이젠을 소지해 갔는데 아이젠 없이는 등산이 불가능 하여 천만다행이었다.

잠시 구룡폭포(九龍瀑布)에 대해 그 규모을 살펴보면 폭포의 높이는 약 75m, 너비는 약 4m 고 일명 중향폭포(衆香瀑布)라고도 한다.

그러나 구룡폭포까지 쾌나 힘들게 도달해보니 아쉽게도 폭포가 거대한 빙벽으로 변해있어 폭포의 아름다움을 뒤로하고 하산하게 되었고 하산 도중 한가지 에피소드를 소개하면 아름다움을 비디오에 담아오려고 비디오 카메라를 새로 구입해 갔는데 마치 하산길에 아무 생각 없이 움막집을 보고 움막집과 근처를 촬영하게 되었고 이것이 빌미가 되어 북한 감시 요원에게 적발되어 촬영 필름을 반납을 안하면 대원 모두가 관광이 안된다는 북측의 강력한 항의와 협박으로 필름을 압수당하는 촌극이 생겼었다.

이렇게 1 일차 구룡폭포 등산(관광)을 무사히 마치고 숙소인 스타크루즈에 돌아와 선내에서 저녁을 먹고 등산으로 피곤한 상태에 곤한 잠으로 첫날을 보내고 2 일차 등산 코스인 만물상 관광에 전날보다 안정된 마음으로 산행중에는 어제보다는 마음의 여유를 갖고 도중에는 **북측** 경비원과도 긴혹 말을 주고빋으면서 보행 하니 너욱 경계 감시가 해소됨을 느끼게 되었다.

만물상에 대한 사전 설명으로 신비롭고 아름다움을 알고 있었으나 직접 눈으로 보는 만물상은 그저 신비롭다는 표현 밖에 달리 다른 표현이 안 되는 절경에 그저 놀라움 그 자체였고 열심히 사진에 담아보기에 바빴던 기억이고 여기저기 구룹 사진찍기와 탄성 소리만이 귀에 들리고 또한 절경을 감상하면서 요새 말로 멍~ 때리는 모습을 쉽게 여기저기서 볼 수 있는 광경들이 연출된 2 일차 등산의 모습이었다.

모두가 함께 힘들고 즐거운 만물상 관광을 마치고 무사히 하산하니 매우 피곤한 몸을 풀어줄 금강산 온정리 온천수가 우리를 맞아주고 이곳 온천장에서 온천물에 피곤한 몸을 푸욱 담구니 그야말로 등산으로 피로한 상태가 확 풀려 피곤했던 몸과 마음이 상쾌해졌던 기억이 어렴풋이 나마 기억을 더듬어 본다.

금강산도

온천욕을 한 후 다음 일정은 말로만 들었던 북한 예술단의 써커스 공연장으로 이동하여 관람 했는데 공연보면서 야!! 사람이 어떻게 저러한 예술적 표현을 몸으로 구현할 수 있을까 하는 생각에 한 단원이 끝 날 때마다 큰 박수로 보답할 수밖에 없었던 것 같다.

공연 관람을 끝내고 숙소로 돌아와 저녁은 시장이 반찬이란 말이 여기에 가장 적당한 표현인듯하다.

이렇게 하여 꿈에 그리고 상상으로만 그려보았던 금강산 구경을 무사히 마치고 출국 수속을 마치고 숙소에서의 마지막 밤잠을 청 한다.

아침에 잠에서 깨어보니 이미 크루즈는 북한을 떠나 한국 강원도 동해 동해항에 정박하였고 곧 배에서 하선 후 동해항에서 아침 식사을하고 회사 버스에 몸을 실고 오후에 회사 도착하여 모두 각자 집으로 돌아가는 금강산 관광 일정이마무리 되었다.

금강산 관광에서의 좋았던 모습들이 향후 재차 기회가 온다면 다시 금상산 관광을 해야겠다는 생각을 갖게 되었다.

그 후 금강산관광이 활성화되면서 크루즈선이 추가 도입이었는데 차제에 추가된 크루즈선을 소개해보면 4계절을 상징하는 크루즈선 이름을 보면 봄: 금강호 여름: 봉래호 가을: 풍악호 겨울: 설봉호 라는 이름으로 금강산관광 붐을 일으키게 되었으며 2003년 9월부터 육로관광이 시작되어 다시 2004년 5월경에는 육로로 금강산을 가게 되었는데 이때는 강원도 최북단에 있는 "금강산 콘도"에서 1박 후 지척에 있는 "출입국 관리소"에서 "출국심사" 받고 바로 동시에 북한 "입국 수속"을 받고 버스에 탑승하여 금강산으로 출발하여 과거 좋았던 기억을 생각하면서 관광을 내 친구가족들과 함께 금강산 관광을 하게 되었던 기억이 생생하다.

그러나 그후 아쉽게도 금강산 관광객 중에 한 분이 아침 새벽시간에 온정리 해변을 산책 중에 북한 경계 초병으로부터 총격 사고로 사망하는 사건이 발생한 후 일체 금강산 관광 중단되었다.

매우 안타깝고 아쉽게 생각되는 바다 특히 금강산을 직접 金剛山과 皆骨山을 두차례 관광한 나로서는 더욱 아쉬움이 많았음은 나 만은 아니었을 것이다.

2차 육로 금강산 관광

2

한국의 민족 얼이 깃든 백두산을 가다

백두산 천지

2 ─ 한국의 민족 얼이 깃든 백두산을 가다

    2000년에는 백두산 관광을 계획하게 되었는데 과거 중국 상해시 소재 현대 반도체공장에 근무중 백두산을 다녀오려는 생각이 있었지만 회사 여건이 여의치 안아 다녀오지 못 하였기에 이번 여름 휴가 기간을 이용하여 계획을 만들게 되었다.

    잠시 여행 일정을 살펴보면 김포공항에서 中國 連邊 朝鮮族 自治州인 연길(連吉) 공항에 도착 후 관광회사에서 준비한 관광버스를 타고 백두산으로 이동하는 일정이었다.

    백두산까지는 비포장도로 이동하는 내내 무더위 때문에 우리 가족 뿐만 아니라 모든 여행객이 많은 고생을 함께 하게 된다.

    더욱이 버스에 냉방 시설이 없어 버스 창문을 열고 운행하니 흙먼지와 찌는 더위로 고통은 가히 상당하지만 열어놓은 창문으로 바람 덕분에 달리는 동안은 시원하게 갈 수 있었다.

    가는 도중 휴게소에 정차하면 여행객 모두 화장실을 제일 먼저 찾기에 분주하다 이유는 휴게소마다 매우 열악한 간이 화장실로 되어 있어 마음 편한 용변 보는 것이 남사스럽기 때문이었다.

    휴게소에 판매되는 물건들은 주로 바나나, 사과, 수박, 그리고 음료수 종류로 냉장고가 없으니 과일이나 음료수가 모두 미지근하여 시원한 맛은 기대할 수 없었다.

그래도 대부분 여행객들은 모두다 맛있게 먹곤 하였다. 백두산까지 이동하는 동안 이와 같은 유형의 휴게소가 가끔 있었던 것으로 기억되고 소요 시간은 약 5시간 지난 후 늦은 오후 시간에 백두산 인근 호텔에 도착하여 저녁 식사 후 피곤한 상태로 다음날 백두산 관광을 위해 곧 잠자리에 들었다.

백두산가는길의 휴게소

다음날 백두산 깊은 숲속에 허름한 호텔에서 상쾌한 아침 햇살을 안으면서 호텔 조식을 마친 후 등정할 조편성을 하고 서둘러 배정된 산악 자동차에 승차하여 출발 대기 하고 있었다.

안내원으로부터 주위 사항과 백두산 천지에 도착 후 천지 체류 시간에 대한 설명을 듣고 산악용 자동차로 정상 도착 까지 소요 시간약 30분쯤 이라고 하였다.

자동차로 산을 오르는 중 차에서 산 아래를 내려다보니 굽이 굽이 자동차들이 아마도 시간대별로 출발해서 올라 오는 자동차가 계속 이어오고 있는 것을 볼 수 있었고 그 뒤로는 가물가물 백두산 자락의 숲으로 드넓게 펼쳐져 보일 뿐 이었다.

백두산 입구

　드디어 백두산 정상에 도착하여 안내원으로부터 천지까지 도보로 5분 걸어 올라가면 천지를 볼수 있을 것이니 천지를 잘 감상하고 약 30분 후 지정된 자동차에 꼭 탑승할 수 있도록 반드시 시간 엄수 바란다는 당부 말과 이곳 기후는 매우 변화가 심하여 아마도 천지를 볼 수도 있고 구름의 변화가 많아 못 볼수 있어 준비된 우비를 잘 챙기라는 주의사항을 듣고 서둘러 천지를 향해 바삐 걸어서 드디어 천지에 도착해보니 안내원 말대로 천지의 하늘은 구름과 안개로 천지를 볼 수 없는 상태로 매우 실망 스러웠다.

백두산천지에서

그러나 왔으니 이곳 저곳을 배경으로 가족사진을 찍는 중 천운(天運)을 받아 안개가 서서히 걷이고 파란 하늘이 보이면서 넓은 천지가 한눈에 들어오는 행운을 받아 급히 몇 캇트 사진을 찍게 되었고 욕심이 생겨 친지까지 내려가 천지물을 패드병에 담아 가져올 수도 있어서 참 좋았는데 약 30분의 시간은 너무 빨리 지나가 자동차로 많은 아쉬움을 뒤로하고 돌아올 수 밖에 없었다.

天運으로 백두산 천지 촬영하다

 자동차에 탑승하고 출발지였던 호텔로 내려와서 다시 비룡폭포를 보기 위해 도보로 출발해서 도착해보니 비룡 폭포가 한눈에 들어와 보인다.
 잠시 구경을 하고 근처에서는 온천물에 담가놓고 달걀을 팔고 있었다. 바로 온천물에 어느 시간 정도 담아놓고 있으면 삶은 달걀처럼되어 나도 몇 개를 구입해서 먹어 보았는데 맛은 녹같더라 폭포의 눌이 천지에서부터 흘러 비룡폭포를 거처 송하 강으로 흘러 간다는 설명도 여기서 알게 되었다.
 이렇게 백두산 관광을 무사히 마치고 다음행선지인 抗日獨立運動

의 유적지인 용정(龍井) 연길(延吉) 도문(圖們) 일대와 윤동주(尹東柱) 시인의 생가(生家) 탐방으로 독립에 대한 간절함과 불굴의 정신을 이 지역에서 다시한번 느껴보는 기회가 되기를 바라는 마음을 갖고 출발하였다.

비룡(장백) 폭포

비룡폭포 기념

참고로 연변조선족자치주의 도문(圖們)시와 북한 함경북도 온정군과 왕래하는 교량(僑輛)이 있는 곳이다.

도문시표지석에서

몇시간을 달려서 주마간산식으로 용정,연길,도문시 외각에 있는 "도문시와 함경북도 온정군"을 잇는 다리에 도착하여 잠시 안내원으로부터 이곳 다리에 대한 설명에 의하면 다리 입구의 중국초소 경비원에게 다리 중앙표시선까지걸어가서 기념촬영을 하고 돌아오는데 관광 비용을 지불 하면 구경이 가능하다는 설명이 있었다.

중국쪽 도문다리에서

참고로 다리 중앙의 표지선이 북한령과 중국령과의 경계선을 나타내는 즉 북중간 국경선인 것이다.

하여 우리 가족도 기억은 못하지만 일정 금액을 지불하고 다리 중앙 표지선에 가서 살짝 다리 하나를 표지선 걸쳐딛고 서서 사진을 찍은 기억이 있는데 이 의미가 북한을 다녀왔다는 의미라는 안내원의 설명을 듣고 미소를 짓게 했던 기억을 떠올려 본다.

그리고 이어서 윤동주 시인의 생가와 동명학교 등을 둘러보고 추억을 간직하기 위해 사진도 담아 왔다.

기억에 곰 사육장도 돌라본 기억도 있는데 그곳에서 관광객들에게 살아있는 곰 슬개 에서 추출구를 인위적으로 만들어서 관광객들에게 판매하는 것을 보게 되는데 참으로 잔인한 광경이더라.

관광 일정을 마무리 하고 연길 대우 호텔로 매우 늦은 시간에 돌아와 길고 길었던 관광으로 지친 몸을 안고 마지막 밤을 보냈다.

두만강을 배경으로

즐겁고도 의미 있었던 백두산과 선조들의 항일 독립 유적지의 여러 활동 모습들을 직접 확인 할 수 있었던 여행이 었다.

기억에 곰 사육장도 돌아본 기억도 있는데 그곳에서 관광객들에게 살아있는 곰 쓸개에서 추출구를 인위적으로 만들어서 관광객들에게 판매하는 것을 보게되는데 참으로 잔인한 광경이더라 관광일정을 마무리하고 연길 대우호텔로 매우 늦은시간에 돌아와 길고 길었던 관광으로 지친 몸을 안고 마지막 밤을 보냈다.

윤동주시비

　다음 여행지는 가능한 문명의 손길에서 조금은 자유로운 모습으로 잘 보존되어있는 지역으로 북유럽지역을 선택하고 2006년 여름 휴가 기간을 이용하여 여행 기간을 7박 9일로 계획을 세우고 출발하게 된다.

기억에 곰 사육장도 돌라본 기억도 있는데 그곳에서 관광객들에게 살아있는 곰 슬개 에서 추출구를 인위적으로 만들어서 관광객들에게 판매하는 것을 보게 되는데 참으로 잔인한 광경이더라.

관광 일정을 마무리 하고 연길 대우 호텔로 매우 늦은 시간에 돌아와 길고 길었던 관광으로 지친 몸을 안고 마지막 밤을 보냈다.

윤동주 시인 동명학교 옛터

3

북유럽 7박 9일간 여행을 다니면서~~

빙하가만든 호수

3 — 북유럽 7박 9일간 여행을 다니면서

출발일 오후 4시간 전에 인천공항에 도착하여 여행사 관광 안내원으로부터 비행기 항공권을 받아서 여행을 함께할 사람들과 탑승 수속하고 북유럽 첫 기착지인 덴마크의 코펜하겐으로 설레고 즐거운 마음을 갖고 이륙하게 되었다.

긴 비행시간 (약 15시간 30분 소요) 동안 기내에서 제공하는 식사도 하고 영화도 보고 뒤척뒤척 비몽사몽 잠자다 보니 코펜하겐 공항에 도착하니 덴마크의 늦은 오후 시간 되었다.

호텔입구

도착 후 일행과 함께 덴마크는 세계적 낙농업이 발달 되어 햄이나 소세지 치즈 분유 등이 이곳의 특산품이라는 안내원 설명을 듣고 햄 소세지를 만드는 기업을 들러보고 장미공원도 관람하는 일정 등을 소화하고 숙소로 돌아와여행 짐들을 풀고 저녁 식사 후 첫 날밤을 보냈다.

덴마크예쁜가정집

다음날 고대 성당과 해안가에 있는 인어공주 조각상에 대한 옛 전설을 듣기도 했다.

인어공주상

다음날 노르웨이 오슬로 행 Seaside 크루즈 선 항구로 이동 하여 탑승 수속을 받고 크루즈에 탑승하고 배정된 방에 짐을 정리 하고 선내 이곳저곳 구경하니 잠시 옛날 금강산 여행 시 타고 갔던 크루즈가 기억 나기도 했다.

장시간 항해 끝에 노르웨이 수도인 오슬로 에 도착 했다.

미젤란 현대미술 미술관

안내원이 오슬로가 예술의 도시 특히 조각가인 "비젤란"은 "뭉크" "그리그" 와 함께 노르웨이가 배출한 대표적인 예술가라는 조각공원인 "비젤란 공원"으로 가서 공원 관람 후 오슬로 중심가에 있는 현대 예술 미술관도 구경 하였다.

또한 2000년도에 김대중 대통령이 오슬로 시청에서 "노벨 평화상"을 수상한 곳을 관람하면서 대한민국 국민임이 자랑스러웠다.

노벨상메달

다음 행선지로 이동하면서 동계올림 일부 종목에 대한 경기시설들도 볼 수 있었고, 우리를 태운 관광버스는 고대 대규모 빙하를 구경하기 위해 달리는 동안 거의 개발에서 자유로웠던 아름다운 산과 숲은 나의 마음을 평안하고 평온하게 하는데 충분했던 기억이 있다.

거의 약 5시간 정도 달려서 늦은 오후 시간에 도착한 숙소의 주변 환경은 큰 호숫가에 아담하게 자리하고 있고 주변을 둘러보니 넓은 초원과 울창한 숲으로 마치 큰 병풍이 놓여 있어 한 폭의 그림과도 같았다.

숙소 배정과 짐을 풀고 저녁 식사를 한 후 호수 주변을 산책하면서 여행에 피곤함이 한결 가벼워지는 듯하고 요즘 말로 멍~ 때리는 시간을 잠시 가져 보았다.

다음날 아침 식사 후 잠시 호수 주변 산책을 한 후 빙하(氷河)를 보러가기 위해 가는 도중 빙하 생성 과정과 관련사료들을 간직한 박물

관과 관광 상품매장을 들려 노르웨이 기념품도 몇 가지 구입한 후 빙하 지역 가까이 가서 빙하의 웅장한 모습을 보니 놀랍기도 하고 빙하에 그냥 압도되고 말았다.

빙하인근 롯지

빙하가 만든 호수

더욱 놀란 것은 직접 빙하 앞에까지 가서 손으로 어름을 직접 만져보고 조각을 입에 너어보고는 그저 야아~ 하고 감탄이 절로 나왔다.

빙하 모습

 어름 밑으로 얼음이 녹아 흐르는 물이 오랜 긴 세월에서부터 지금까지 또 앞으로도 계속 녹아 이어질 것이다. 이 빙하가 녹아 흐른 물 숙소앞 큰 호숫물로 이어져 바로 빙하 녹은 물인 것이고 호숫물의 빛은 검청색을 띠고있어 색깔에서 매우 깊고도 무겁고 무서움을 느꼈는데 그 이유가 빙하 녹은 물에서 기인 되었음을 알 수 있었다.

 거대한 빙하 구경을 뒤로하고 다음 목적지인 "송네 피오르드" 관광을 위해 다시 관광 버스에 몸을 싣고 긴 여행길을 떠난다.

 여기서 잠시 피오르도 생성과정에 대한 안내원의 설명을 상기해보면 깊은 산골짜기 사이를 가득 채운 거대한 빙하(氷河)가 중력(重力)에 의해 이동하면서 침식(浸蝕)이 일어나고 빙하가 기온 상승으로 모두 녹아 사라지면서 빙하가 깎아낸 "U"자형의 골짜기가 나타나면서 해수면 상승으로 "U"자형 골짜기에 바닷물이 들어와 좁고 긴 "피오르드"가 생성되었다고 한다.

2 피오르의 형성 과정

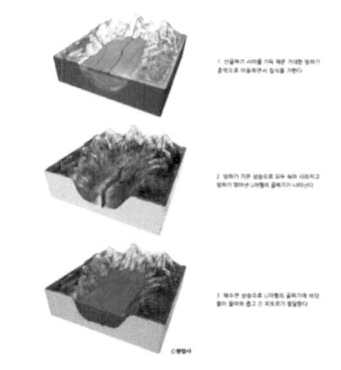

안내원의 이러한 설명을 듣고 깊은 산길을 계속 달리는 창밖의 모습은 골짜기 골짜기 마다 빙하가 녹으면서 흐르는 많은 물이 너무도 부럽고 또 버스가 산 위로 오르면 다시 그곳에는 큰 호수가 눈에 들어오기를 반복하니 이유가 골짜 기마다 빙하가 녹아서 만들어지고 있는 현상임을 알게 된다.

그러기를 반복해서 마지막 정상에 오르니 눈 아래펼쳐지는 광대한 송네 피오르도를 보게 된다.

그곳 피오르도는 거대한 관광하는 크루즈 선박이 유유히 떠있는 모습과 피오르드의 평화로움은 나를 더욱 마음의 평화와 평온을 가져다 주었다.

이곳에서 여행객 모두가 자유롭게 피오르드에서 많은 추억을 사진에 담고 있었다.

송네피어르드 바라보면서

피오르드의 아쉬움을 뒤로하고 다음 목적지인 해가 지지 않아 밤에 어두워지지 않는 현상인 백야(白夜)현상을 보기 위해 북쪽으로 숙소를 향해 버스는 숲속 길을 달리고 또 달릴다.

버스기사도 숲속이고 늦은 시간 때문인지 이리저리 헤메면서 운행 끝에 우리가 묶을 숙소에 무사히 도착하여 여정을 풀고 저녁 식사를 마치고 밖으로 나와 벤치에 앉아 하늘을 보니 말로만 듣던 백야(白夜)를 볼 수 있었다. 해를 보고 있으니 해가 꼭 둥근 달을 보는듯 하였다. 그리고는 계속 그 자리에서 움직임이 없었다.

백야현상은 한여름인 6월에서 7월에 위도가 약 48도 정도의 고위도(高緯度) 지방에서 볼 수 있으며 태양이 지평선 아래로 내려가지 않는 현상이라 한다.

늦은 밤까지 백야현상을 구경한 후 내일를 위해 벌써 여행 4일째 잠자리에 들었다.

다음날 아침 스웨덴의 수도 코펜하겐을 향해 버스는 긴 여행길을 달린다.

오후11시 백야현상 느끼면서

수도 코펜하겐에 도착해서 방문한곳은 과거 17세기에 건조한 거대한 군함이 전투에서 바다에 침몰하여 그후 수장된 군함 "바사호"를 인양해서 전시하고 있는 박물관을 둘러 보았는데 그 군함을 후대에까지 군함모양으로 건축하였다 한다.

바사호 군함은 당시에 세계 최대 군함이었다 한다.

참고로 스웨덴의 대표기업인 "IKEA"라는 기업인데 한국에도 많이 알려진 기업으로 IKEA korea 라는 상호로 조립식 가구 회사로 진출되어있고 지금은 1880년에 본사가 네델란드로 옮겨서 다국적기업으로 그 색채를 갖추고 있다.

다음 목적지인 필란드 수도 헬싱키 로 가기위해 코펜하겐 숙소에서 짐을 챙겨 크루즈선 터미널에 도착하여 "SILJA 크루즈선"에 탑승한 후 지정된 선실에서 잠시 짐을 정리하고 있으니 출항하여 갑판으로 나와 여기저기 구경을 하였다.

스웨덴〈--〉필란드향 쿠르즈

여행 첫째날인 코펜하겐에서 오솔로에 갈때는 저녁 늦은 시간에 출발하여 오솔로에 도착한 관계로 구경다운 구경을 못해서 아쉬웠었기에 이번 헬싱키행 "SILJA" 크루즈선 에서는 항해 시간 약 5시간인 관계로 충분한 선 내부와 선 밖에서의 구경을 잘하고 오후 1시가 좀 지나서 헬싱키항 터미널에 도착하였다.

헬싱키에는 가장 특이하고 많은 관광객들이 꼭 방문하여 관람하는 곳이 암석교회라 하여 우리도 그곳으로 이동하는 동안 안내원의 암석교회에 대한 설명을 듣게 되는데 큰 암반을 깎아서 만든 교회이며 깎아낸 암석들을 이용하여 방음효과 및 외부충격으로부터 차단효과를 높였다하며 지금은 다양한 음악회나 결혼식 등으로 헬싱키 시민들이 많이 이용하고 있다 한다.

암석교회 입구 및 내부 모습

다음 행선지는 시내 중심가의 마켓 광장으로 이동하여 신선한 야채, 꽃, 기념품 등을 판매하는 종합시장으로 이곳저곳 구경을 하였고 기념품도 구입 하였다.

마켓 광장 시장이 바로 선착장과 인접되어 있어서 더욱 아름다운 곳이라 느낌이 좋았다.

구경 하다보니 다음 행선지인 러시아 제2 도시인 "쌍뜨베테르브르크"로 이동 시간이 가까워져서 간단히 저녁 식사를 하고 헬싱키 열차역으로 이동하게 되었다.

안내원이 열차타고 가는중 러시아 국경을 지날 때 입국 심사을 받고 입국하게된다고 한다.

헬싱키에서 19시30분 출발하여 쌍트베데르브르크에 23시쯤 도착하여 러시아 열차를 타고 필란드에서 러시아로 열차 여행은 느껴보지 못했던 여행이었고 날씨는 무더워서 모두가 힘들어하면서도 러시아 열차에 대한 호기심이 많아 즐거워 보였다.

객차모양은 한쪽 창가는 마주앉을 수 있는 6인용 좌석으로 되어있고 한쪽은 통행할 수 있도록 통로가 있는 객차인데 우리 일행은 배낭여행하는 외국인 2인과 합석 하게 되었다.

상트베테르브르크행 열차

한참을 가다가 어느 역에 정차하는데 이곳이 러시아 입국 심사를 하는역 이었다.

우리 안내원이 입국심사를 받기 위해 모두의 여권을 일괄 회수해 비자를 받아왔는데 기다리는 동안 공산국가라는 것 때문에 입국 불허 되지않을까 불안함을 느꼈다.

가는 도중 창밖을 통해 보는 러시아의 첫인상은 좀 춥고 을시년 스럽다는 느낌을 받았다.

늦은 시간에 쌍트베테르부르크 호텔에 도착해서 열차에서 피곤한 여정을 풀었다.

백조의호수 관람

다음날 "쌍트베테르부르크"에 있는 "에르미타주 미술관" 관람과 알렉산드로 황제가 폭탄테러 당했던 "피의 사원"을 본 후 러시아가 자랑하는 "백조의 호수"를 매우 감명 깊게 관람하였다.

또한 쌍트베테르부르크의 심장부를 흐르는 "네바강"에서 유람선을 타고 돌아보았는데 안내원에 의하면 이도시는 수많은 섬과 운하들이 대략 300여개 의 다리로 연결된 러시아의 "베네치아"라고 부르고 있다고 한다.

유람선에   미술관앞에서

쌍트 베테르부르크의 일정을 끝내고 모스코바로 가기 위해 공항으로 이동 하였다.

모스코바 까지 거리상으로 매우 가까운 위치에 있어서 비행시간은 약 1시간 30분 정도인 듯하다.

모스코바 공항에 도착하여 바로 숙소로 이동하였다.

다음날은 모스코바 관광을 마지막으로 그동안의 긴 여행을 총정리 되는 일정이기에 많은 아쉬움을 갖게 되었던 것 같다.

모스코바 붉은광장

모스코바 관광명소는 대통령 집무실이 있는 크렘린궁을 중심으로 아홉 개의 돔으로 이루어진 아름다운 성 "바실리 성당 정교회(正敎會)성당" "레닌묘 붉은광장" 등으로 조화를 이루고 있어서 이곳 전 코스를 도보로 구경 하였다.

특히 붉은광장 이름은 크렘린 성벽 근처에 있는 아름다운 "광장" 이란 뜻으로 "붉다"라는 의미는 고대에 아름답나 탄 뜻이고 크렘린 벽 묘지에는 러시아혁명의 지도자 레닌묘와 스탈린 묘 그 외의 고위 지도자 軍 원수 등의 묘들도 이곳에 있다고 한다.

붉은 광장관광을 마치고 지하철 3개 정류장을 탑승 체험을 해보았는데 특이한 것은 대략 지하 40~50m 깊이에서 지하철이 운행되고 있었는데 그 이유가 핵(核)전쟁 발생 할때를 대비해서 이렇게 설계 했다 라는 안내원의 설명인데 지금에 와서 우리나라 지하철과 비교하면 큰 의미를 갖는 것은 아니지만 당시(20年 前)에는 충격을 받은 것 같다.

지하철노선도

지하철역내부

지하철 시승을 하고 마지막 모스코바 대학 방문을 하고 추억을 남기위해 동행했던 동료들과 모스코바 대학을 배경으로 기념 사진을 찍고 모스코바 (셰레메티예보) 국제공항으로 가서 7박 9일 동안의 긴 북유럽 여행을 뒤로하고 인천행 대한항공 비행기를 타고 무사히 한국에 귀국 하였다.

이번 북유럽 여행에서 자연을 본래의 모습으로 잘 보전 유지하고 있는 것을 보고면서 그네들이 삶의 환경이 여유롭고 지혜롭게 살고 있는 북유럽인들의 모습에서 나의 가슴 깊숙이 자리하게 된 7박 9일 기간이 되었다.

모스코바대학앞에서

모스코바대학에서 본 전경

4

아프리카에서 새로움을 찾다

킬리만지로 전경

4 ― 아프리카에서 새로움을 찾다

아프리카 4개국 여행 11박14일 일정으로 2007년 12월에 북유럽 여행을 통해 대자연 속에서 공기 맑고 자연환경속에서의 강열한 여유로움과 삶에 지혜로움을 느껴서인지 다시 한번 미지의 세계인 아프리카지역을 돌아보고 싶어 여행계획을 세우게 되었다.

참고로 여행국을 살펴보면 홍콩경유 → 남아프리카 공화국 → 케냐 → 탄자니아 → 보츠와니/잠비아 → 남아공(케이프타운/프레토리아/레소토/요하네스버그) → 홍콩경유 → 인천공항 여행 일정 이었다.

비행기창밖의 아프리카

12월 22일에 인천공항에서 우리를 안내할 가이드와 함께 대한항공 여객기에 탑승하여 경유지 홍콩으로 출발하였다. 약 3시간 30분 정도 비행하여 홍콩 공항에 안착 후 남아공의 요하네스버그 행 항공기로 바꾸어 탑승하여 본격적인 여행이 시작 되었다.

　요하네스버그 국제공항까지 대략 12시간 소요되어 기내 에서 영화도 보고 승무원이 제공하는 기내음식과 와인 그리고 음료수 등의 제공을 받고 잠을 청하였다.

　긴 시간 비행 끝에 요하네스 공항에 무사히 도착하니 남아프리카 공화국 시간으로 아침 10시쯤 되어 입국 수속 후 제일 먼저 찾은 곳은 우리 교민이 운영하는 한식당으로 안내되어 반갑게 즐거운 마음으로 식사를 하고 이 식당은 여행 마지막날 일정에 있다고 해서 웬지 친근감을 갖게 되었다.

요하네스버그 한식당

　요하네스버그 시청 그리고 시내 중심가 이곳저곳을 구경하면서 이곳에 많은 교민과 특히 어학 연수생들이 최근들어 많이 선호하는 이유가 거리상으로 꽤나 먼 곳임에도 불구하고 영어권이고 연수비가 他 國家 대비 저렴한 것이 큰 장점이고 더 매력적인 것은 좋은 기후조건이라고 한다. 반면에 위험요인은 치안이 문제가 매우 불안한 것이 단점 이란 설명이었다.

오후 비행기로 첫 여행지인 케냐행 비행기에 탑승하게 되었다. 케냐의 나이로비에 도착하여 숙소인 호텔로 갔는데 빌딩이 아니고 의외로 나무가 우거진 숲속에 나지막하고 정감이 있는 숲속의 건물이었다.

나중에 안 것이지만 이 호텔이 나이로비에서는 외국 귀빈이 투숙하는 나름 유명한 호텔인데 놀라운 것은 우리 교민이 운영 한다 하여 웬지 가슴이 뿌듯 하였다.

본격적인 관광을 위해 즐겁고 설래는 마음으로 관광버스에 몸을 실고 시내를 벗어나니 광활한 대지가 펼처 지고 도로변에는 장사하는 많은 행상들이 눈에 들어오기 시작하고 한참을 더 가니 이곳저곳에 동물들이 눈에 띄기 시작하니 함께 동행하는 여행객들 사이에 "저기 저기"하는 함성 이 나오기 시작되는 것을 들으니 미지의 아프리카를 여행해 보아야 겠다 했던 것에 대한 실감이 나는 것 같았다.

아프리카 여행이 이제 본격적으로 시작 되는 구나 하고 생각하게 되었다.

관광버스이동중에

이렇게 버스창 밖을 통해 도로변에서 이곳의 생활상들을 볼 수 있었고 또한 초원길을 달리면서 기린, 원숭이, 사슴, 등을 자주 발견하게 된다.

특이한 것은 빨간색을 띠고 있는 흙으로 된 커다란 봉분을 자주 볼 수 있는데 가이드 설명은 개미집들이란다.

우리가 한국에서 흔이 볼수 있는 개미집은 조그마하게 땅 위에 볼록한 집들인데 비해 그 크기가 거의 1m 이상 되는 봉우리가 대부분 개미집들 이란다.

어느덧 울창한 숲 길를 접어들어 한참을 가니 유네스코 보존 유산으로 등재된 "킬리만자"로 산봉우리에 만년설로 덮혀 있는 모습이 우리 눈앞에 펼쳐 졌다.

그 높이가 무려 5,895m 로 산 아래 주변은 우거진 숲과 습지로 되어있어 한폭의 그림과도 같았다.

탄자니아 정부에서 국립공원으로 지정하여 세계등산 객과 일반 관광객들이 많이 찾는 유명산이 되었다.

잠시 차에서 내려 킬리만자로 산봉우리를 배경으로 기념진을 카메라에 담았다.

킬리만지로 전경

또한 이 지역에는 전통적인 방목을 하며 살아가는 유목민 마사이족(Maasai)이 야생동물이 공존하고 있으며 광대한 응고롱고로 분화구도 이 공원에 있다.

내일 일정이 유네스코 자연보존 지역을 지정된 "옹고롱 고로"분화구의 국립공원은 산림과 숲 등으로 이루어진 광대한 면적에 이른다 한다.

응고롱고로 공원센타

그리고 이곳에는 많은 야생 식물이 서식할 뿐만 아니라 여러 종류의 동물들이 함께 어우러져서 공생(共生)하고 있다 하여 더욱 흥미를 갖게 한다.

큰 기대감 속에 드디어 옹고롱고로 인접한 숙소인 롯지에 도착하여 저녁 식사 후 피곤함을 뒤로하고 여장을 풀었다.

이튿날 아침 식사한 후 곧바로 투어용 산악 자동차를 타고 응고롱고로 분화구로 향하는데 가는 길이 매우 험한 지역이고 게다가 계곡과도 같은 지역을 통과하여 험준한 비탈길로 내려가니 평지가 펼쳐지고 바로 이곳부터가 "옹고롱고로" 라고 하는데 듣던 대로 산림과 숲 그리고 초원으로 여러 잡초가 무성한 지역이 였다.

응고롱고로의 동물들

분화가 분출 하면서 생겨난 호수가 직접 눈앞에 발견할 수 있었다. 또한 이 곳에서 여러 종류의 동물들이 함께 살아가고 있다 하였는데 역시 다양한 동물들을 아주 가까운 거리에서 볼 수 있어서 매우 흥분되었다.

동물 세계에서 제일의 포식자라는 사자, 표범, 그리고 가젤, 얼룩말, 누, 등등을 쉽게 볼 수 있었고 특히나 인상 깊게 기억나는 것은 가까이 접근했는데도 사자가 그저 우리를 무심히 보고만 있어서 겁도 나고 대단히 무서웠는데 그 이유는 사자가 배가 부르면 그저 잠만 잔다고 한다.

한참을 자다가 배가 고프면 그때 비로서 사냥을 하게 되는 시간이라 그때까지는 잠자는 시간이란다.

잠자는 사자

응고롱고로 분화구를 배경으로

이렇게 가까이서 옹고롱고로의 동물 세계를 볼 수 있어 매우 흥미롭고 즐거운 시간을 보냈고 참 값진 자동차 관광이었다.

롯지숙소로 돌아와 점심을 한 후 다음 여행지로 출발 한다.

이번에 갈 곳은 유네스코 자연보존 지역으로 지정된 탄자니아가 보유하고 있는 세렝게티 지역의 "세렝게티 국립공원"인데 어제 보았던 옹고롱고로 분화구와 세렝게티는 탄자니아 서북 방향 쪽에서부터 남동 방향까지 걸쳐 있는 매우 광활한 지역의 세렝게티의 규모가 우리나라 충청북도의 2배로 두 유네스코 보존지역이 얼마나 큰 지역인지 더욱이 이 지역에 서식하고 있는 동물의 종류 또한 지구상에 존재하는 모든 동물들 스스로 동물 생태계를 잘 유지해가고 있다고 하니 놀라고 감탄할 정도다.

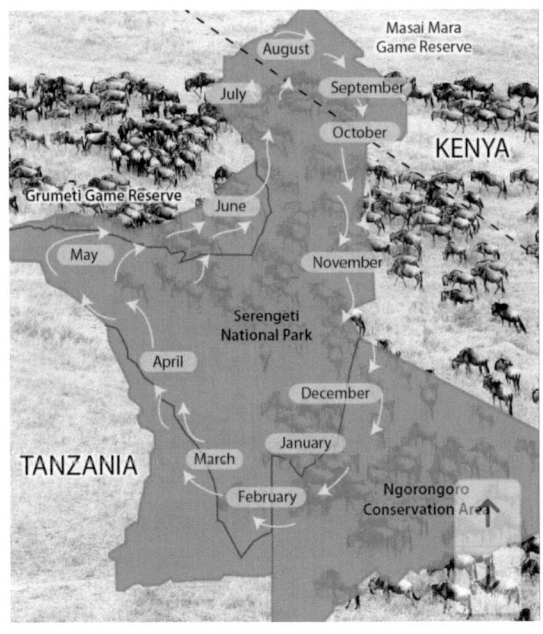

계절따라 동물 이동경로

세렝게티에 서식하고 있는 초식동물들을 살펴보면 수백만 마리의 누떼가 이곳 상징이라 하고 얼룩말과 코키리 가젤 그리고 육식동물인 사자, 표범, 치타, 하이에나, 등이 서식하고 있으며 이들 동물들이 나름대로 동물들 간에 생태계를 잘 유지해가는 것을 이곳에서 그 모습을 잘 보여주고 있는 것이다.

이들의 이동 경로를 살펴보면 계절에 따라 서북쪽에서 남동쪽의 시계방향으로 떼 지어 이동하는 모습은 대단한 장관이라 하겠다.

이들의 이동 경로를 살펴보면 계절에 따라 서북쪽에서 남동쪽의 시계방향으로 떼 지어 이동하는 모습은 대단한 장관이라 하겠다.

광활한 벌판을 버스로 이동하는 동안에 아프리카인들의 살아가는 생활상을 볼 수 있었고 이제는 어느 정도 이러한 모습들이 조금씩 익숙해지는 듯 하였다.

새로운 광경들을 보면서 긴 시간 버스가 도착해 우리를 맞아주고 피곤을 해결해줄 롯지 이었다.

다음 관광할 곳은 바로 북쪽에 위치한 케냐와 탄자니아에 걸쳐 유목민의 생활을 하고있는 마사이족의 생활상을 직접 마사이족의 마을을 살펴보는 것이었다.

마사이족은 우선 一夫多妻制라 하며 이들이 살고 있는 집을 짓는 자재는 소의 인분을 말려서 쓰고 있다 하며 이들은 소와 양을 방목하여 식량으로 이용한다고 한다.

마사이집 실내

마사이 마을

또한 마사이족들은 광활한 초원에서 사자나 표범과 같은 육식동물들과 함께 매우 위험한 환경에서 생활하는 것이 의문이 늘었다.

이의 해답을 가이드로부터 듣고는 조금 이해가 되는 듯 했으나 어쨌든 잠시 소개하면 어느날 여느 때와 같이 일상으로 소와 염소를 돌보던 부족이 사자로부터 공격을 받아 희생을 하게 되었다고 한다.

그래서 마사이 마을 사람들이 회의를 해서 사자를 온전히 살아가기 위해 살생을한 사자를 찾아서철저히 응징하기로 하고 많은 마사이인들이 몇날 몇일 동안 노력하여 사자를 발견하게 되었고 그 사자를 철저하고 아주 잔혹하게 보복을 하였다고 한다.

이때 마사이 전사들이 입었던 옷이 사자나 표범 등의 눈에 확연히 잘 띠는 빨간 색 옷을 입기 시작하였다 한다.

그 이후부터는 사자, 표범들이 죽은 사체를 보고는 빨간색 옷을 보면 스스로 피하곤 하였기에 이제는 그들 나름 평화로운 생활을 해나갈 수 있었다고 하는 설명이었다.

그리고 그 후 마사이족들이 스스로 용맹스럽게 하기 위한 방법으로 젊은이들 속에서 긴 창을 들고 건중 건중 뛰고 또 가장 높이 뛰는 사람이 가장 용맹한 사람으로 인정받게 되고 우리가 방문했을 때도 이 모습을 보여주었던 기억이 있다.

오랜 시간을 달린 끝에 마사이족 마을에 도착하여 마을은 대 여섯 동의 삼각형 집이 있는데 각각에 집이 첫째 부인 집, 둘째 부인 집, 셋째 부인 집,---라고 소개하고 실제 집 내부에 들어가 보기가 좀 껄끄러웠 지만 내부에 들어가 보니 소똥을 말려서 지었기 때문에 냄새날 것으로 생각했지만 냄새는 전혀 나지 안았다.

그리고 마을 주변은 가시나무를 엮어서 외부의 동물들로부터 침입을 막기 위해 울타리를 만들어 놓았다.
이들과 기념사진도 찍고는 마을 떠났다.

여기서도 빨간색 망토에 대한 설명도 그 들로부터 듣게 되었다.

이렇게 오늘 관광을 무사히 마치고 호텔로 와서 다음 목적지인 "보츠와나"로 가기 위해 여행으로 지친 피곤한 몸을 숙면으로 치유하게 되었다.

참고로 한가지 첨언 한다면 매우 특이한 사항이지만 2005년에 일본인 가이드 역할을 하던 "나가마쓰" 氏 라는 일본인이 케냐 마사이족이 거주하는 마을에 관광 안내를 갔다가 마사이족의 삶과 문화에 관심을 갖게 되면서 마사이족의 어떤 남성과 가까워지면서 더 깊숙이 그들의 결혼 문화도 확실히 알아 가는중 실제 결혼을 한다 해도 거처를 함께 살지 않아도 된다는 것을 이해하고는 그 건강한 남성과 결혼을 하게 되었으며 결국 남편의 둘째부인이 되었다 한다.

그 후 나가마스씨는 2014년도에 "내남편은 마사이 전사다"라는 책을 펴내고 일본의 여러 곳곳을 다니며 마사이족에 관한 강연으로 바쁜 시간을 보내고 있었한다.

그 마사이 전사의 이름은 "넬슨"이라고 알려졌다.

다음날 탄자니아의 "도도마" 국제공항에서 보츠와나의 "초베 국립공원"이 "잠비아"와 "짐바브웨"로 국경을 이루고 있는 "빅토리아 폭포"를 관광하기 위해 보츠니와 "가보르네" 국제공항"으로 행했다.

공항 도착 후 일단 호텔로 가서 여장을 풀고 점심 식사 후 초베 국립공원을 관광하는 일정이었다.

그런데 호텔에 도착하여 짐들을 챙겨보니 많은 여행객들 물건이 없어지거나 가방 내부가 어지럽게 흐트러져 있었다는 불평이 많았는데 내 가방도 예외는 아니었고 가방 하나가 사라졌음을 확인하고 공항에 확인하니 다음 비행기 편에 올 것이니 나중에 호텔로 가져가라 하는 답을 받고 관광을 끝내고 호텔에 와서 보니 가방이 있어서 다행이었다.

후에 들으니 외국 여행객들로부터 이러한 사례가 흔한 사건이 발생하고 있으며 이곳 공항 직원들의 큰 수입원이라고 알려 주었다.

베국립공원은 1967년도에 처음 지정되는데 보츠와니, 잠비와 그리고 짐바브웨와 인접하고 있는 북동쪽에는 푸른 숲과 초베 강변의 우거진 삼림 지역으로 빅토리아 폭포에 가까운 곳에 위치하고 각종 야생동물과 새들을 볼 수 있는 습지와 늪지대가 있어 동물들이 살기에 최적의 자연조건을 갖고 있는 곳으로 코끼리가 이 지역에만 약 120만 마리가 서식하고 있으며 더욱이 습지와 늪지대로 구성되어 있기 때문에 악어, 하마 등과 각종 새가 서식하기 가장 좋은 조건을 가지고 있다.

오늘은 먼저 북동쪽에 서식하고 있는 육식, 초식 동물들을 관광을 하기로하고 호텔에 짐을 정리후 호텔로 픽업온 투어 버스에 탑승하고 초베 국립공원의 사파리 관광에 나섰다.

한참을 가니 주변에 세렝게티나 옹고롱고로 보다 개체수가 훨씬 많은 동물들을 보게 되는데 이제 많이 익숙해져서 놀랍지는 않았다.

그렇지만 이곳 초베공원에 기린이나 코끼리는 쉽게 볼 수 있었고 역시 초베공원이 코끼리의 천국이어서 그런지 무리를 지어 다니는 것이 그야말로 장관이었다.

또한 자동차가 지나가는데도 길 주변에 사자가 앉아 오수를 즐기고 있는 것인지 자동차를 물끄러미 처다 보는 것이 참으로 신기할 뿐이다.

또 저 멀리에는 엄청난 수천마리 누가 떼를 지어 이동하는 것 도 보게 되고, 사슴무리도 보이고 이러한 광경은 우리가 자주 TV에서 보아왔던 바로 "동물의 세계" 란 프로그램을 이곳 초베 공원 현지에서 지금 직접 실시간으로 자동차 안에서 시청하고 있다는 착각까지 느끼게 했다.

한참을 버스에 앉아 동물의 세계를 시청하다 보니 시청 후 주변 적당한 곳을 찾아 소변을 보도록 했는데 바로 대단히 위험한 행위였음을 알게 되었다.

그 이유는 모든 사람들이 주변 숲이나 늪지에 가서 소변을 보았는데 숲 근처에는 맹수나 늪 지대에서는 악어가 출몰한다는 설명을 듣고는 머리가 아찔했다.

아프리카 초원의 동물

이렇게 사파리 관광을 뒤로하고 호텔로 돌아와서 분실했던 여행 가방이 호텔에 왔는가 확인해보니 다행히 호텔직원이 공항에서 찾아왔더라. 그런데 가장 많이 분실되는 물건이 카메라 워크만 등으로 전자제품인데 이곳 사람들에게 외국산 전자제품을 최고의 제품으로 생각하기 때문이란다.

그래서 물건 X-Ray 검사 할때 매번 재검사 또 재검사할 때 전자제품들이 검사 도중에 사라지는 경우가 많으니 꼭 재검사 할 때 조심해야 된다고 한다.

후에 여행 오시는 여행객들에게 입국심사 할 때 한가지 "팁"이 될 수도 있을 것 같다.

내일 일정은 초베 공원 서쪽에 위치한 습지와 늪지대가 있는 곳으로 이동해서 공원 내부에 흐르고 있는 초베강 선착장에서 유람선을 타고 하마, 악어 등을 구경하는 일정이 계획되어 있어 긴 여행에서는 잠을 푹 자두는 것이 피로 회복에 가장 중요함을 알기에 또 다른 새로운 내일를 위해 꿈속 여행을 떠난다.

이른 아침 호텔로 온 픽업 투어용 자동차를 타고 초배강을 향해 출발한다.

한참을 달려 도착한 곳은 벌써 많은 관광객 자동차들이 도착해서 선착장으로 이동하고 있었다.

우리 일행도 함께 선착장으로 이동하여 주의사항을 듣고 어제의 자동차 싸파리 관광에 이어 정해진 유람선 싸파리 관광을 위해 승선하여 자리에 앉았다.

초베공원 선착장에서

유람선 내부는 한중앙에는 넓은 탁자가 있고 주변으로 자석 배치 되어있으며 각종 음료수 과일 보관용 아이스박스가 비치되어있는 그런대로 구색을 갖추고 있는 제법 큼직한 크루즈 유람선 이었다. 이제 출발이다.

선장이 이곳 저곳 동물들이 서식 장소를 설명해 주곤 했다.

함께한 동료들이 여기 저기 가르치는곳을 보노라면 매우 흥미로운 광경을 마주하게 되는데 꼭 물위에 솟아 있는 바위가 보이는데 바위가 아니고 하마들의 머리와 등이란다 . 이런 비슷한 바위 형태들이 모두 하마 무리 들인 것이었다.

여기에 물길을 가르며 움직이는 악어들의 무리도계속 관찰 되었고 동물들의 모습들을 배에서 모두가 일어나서 구경을 하였다.

물속, 물가 악어모습

이런 와중에 갑자기 사고가 발생했는데 물밑에 무언가에 의해 배가 움직이지안는 것이었다.

아무리 긴 장대로 물밑을 밀어도 움직이지 안고있어 점점 시간이 경과 하면서 약간 걱정이 되기 시작되었는데 선장이 도저히 안되니 누군가 물에 들어가서 배를 밀어야 되겠다고 하니 우리는 매우 위험하니 안된다고 말렸더니 괜찮다며 물에 들어가 배를 힘차게 밀어 겨우 좌초되었던 배가 겨우 빠져 나왔던 기억이 있다.

이경우 주변에 하마나 악어들이 많기 때문에 절대 위험한 상황이었던 것이다.

이번 유람선 크루즈 싸파리 관광은 매우 흥미롭고 함께한 동료들과의 모처럼의 친교시간도 갖었던 매우 추억에 남는 시간을 보냈던걸로 기억된다.

이렇게 사파리 관광을 마치고 다음 행선지인 "빅토리아 폭포" 관광을 위해 초베여정을 마무리 하고 예약된 롯지를 향해 달린다.

초베선상 즐거운 친교시간

다음날 상쾌한 아침 맞아 모두가 건강한 모습으로 뷔페식 아침 식사를 하고 주변을 산책한 후 차를 타고 한참을 가서 부터는 자동차가 갈 수 없어서 숲 속을 걸어가다 보니 숲사이로 간헐적으로 폭포가 눈에 들어온다.

숙소 롯지는 보츠와나 폭포는 잠비아와 짐바브웨 국경을 사이에 있는 관계로 우리는 잠비아 쪽으로 들어가서 폭포 관람을 한다는 가이드 설명이었다.

조금더 숲속 길 따라 올라가니 물보라와 물안개가 심하게 내려 준비한 우비를 입고 멀리서 들려오는 우렁찬 소리에 큰 목소리로 이야기 할 정도로 폭포 소리는 거의 굉음에 가까웠는데 폭포가 참으로 보기에 장관이었다.

물안개속 빅토리아폭포에서

폭포를 배경으로 많은 사진을 찍었는데 물보라로 인해 우비가 없으면 거의 옷이 다 젖기 때문에 우비 입은 사진 밖에 없는 것이 좀 아쉽긴 했다.

참고로 빅토리아 폭포를 보며 세계 3대 폭포를 살펴보면 북미의 "나이아가라 폭포"와 남미의 "이과수 폭포" 그리고 아프리카의 "빅토리아 폭포"로 되어 있는데 각각의 폭포의

* 제원을 살펴 보면
  1) 빅토리아 폭포는 너비:1,6km 낙차가:108m
  2) 나이아가라 폭포는 너비:320m 낙차:51m
  3) 이과수 폭포는 너비:무려 4,5km 낙차:70m 라고 한다.

빅토리아폭포

돌아오는 길에 잠시 자동차에서 내려 멋진 아치형 교량을 보고 가이드의 설명에 의하면 잠베지 강물이 흘러 내려와 빅토리아 폭포가 만들어 지는데 이 폭포 물이 흘러 다시 카리바호수를 만들고 이 강물이 흘러 흘러 인도양으로 흘러가는데 이 강을 가로지르는 교량으로 모양이 매우 아름다워 모두들 기념사진을 찍기에 나도 함께 인증 샷을 했던 기억이 난다.

잠베지江 빅토리아 다리

오늘의 가장 멋진 관광을 뒤로하고 다음 행선지인 "남아프리카 공화국 케이프타운" 행 비행기를 타기 위해 빅토리아 공항으로 향했다.

빅토리아공항 안내판

남 아프리카 공화국은 우리가 알고 있드시 기후가 아열대성 기후이며 영어권에 속해있어 앞전에 언급한 것처럼 저렴한 비용으로 어학 연수를 많이 가고 있고 경제규모는 대략 4,000억$ 정도이고 1인당 국민소득은 약 6,500$ 된다고 하네요.

특히 남아공의 수도는 3개 도시로 구분되어 있는데 "입법부"는 "케이프타운"에 있고 "행정부"는 "프레토리아"에 있으며 "사법부" 는 "블룸폰테인"으로 각각 분산되어 있으며 또한 우리가 알고 있는 "요하네스버그"는 경제 활동의 중심 도시로 되어있다.

이번 남아공 여행 일정은 입법부가 있는 케이프타운을 보고 이어서 행정부 도시 프레토리아 다음 사법부가 있는 블룸폰테인을 거쳐 남아공 내륙의 부족 王國인 "레소토 왕국"을 돌아 요하네스버그로 와서 이번 14일간의 남아프리카 4개국 여행을 끝내는 것으로 남아공 투어가 마지막 일정이 되는 것이었다.

빅토리아 국제공항을 이륙하여 약 4시간 정도 비행 후 케이프타운 공항에 도착 했다.

호텔입구에서

우리를 태운 버스는 예약된 호텔로 가서 체크인를 하고 각자 지정된 호실에 짐을 풀고 잠시 휴식 시간을 갖고 뷔폐 식당에가서 저녁을 해결하고 호텔 내부와 주변을 돌아보고 방에 들어와 장시간의 아프리카 비행으로 지친 심신을 치유하기 위해 샤워하고 잠자리 들었다.

케이프타운 새해 아침 일출

다음날 2008년 1월 1일 이곳 케이프타운에서 새해 아침을 맞게 되어 매우 의미 있는 새해가 되었다.

일출을 보면서 이번 여행을 무사히 마치고 귀국할수 있도록, 또 우리 가족 건강과 여행 의미를 확실히 얻고 귀국 할수 있도록 기원 하였다.

만델라 대통령 식물원 안내판

아침 조식을 든든히 하고 케이프타운에서 첫 번째 투어 코스가 세계 5대 식물원중 하나가 이 키스텐보쉬 식물원이고 세계 유네스코 문화유산으로 지정되면서 유명한 식물원이 되었고 이곳에는 수많은 수종들이 지속적인 정부지원하에 현재도 매우 잘 관리되고 있어서 많은 관람객들이 키스텐보쉬 식물원을 찾고 있다고 한다.

키르텐보쉬 식물원

　식물원을 돌아보면서 매우 나의 마음을 평안하고 온화하게 해주고 있어 좋았는데 어느 식물원이든 많은 수종 들을 잘 가꾸어지고 있지만 키스텐보쉬 식물원은 나를 평온한 안식을 주는 것 같아서 참 좋다 하는 느낌이 들곤 했다.
　이어서 마운틴파크에 있는 바다가 내려다보이는 조망 좋은 레스토랑에 앉아 식사하는 내내 아침 조식을 든든히 하고 케이프타운에서 첫 번째 관광 코스인 테이블 마운틴으로 가기 위해 버스를 타고 가는 동안 점점 많은 관광 버스가 좁은 2차선 도로에 꼬리에 꼬리를 물고 움직이는 것을 보니 이곳을 찾는 관광객이 많아 유명한 곳임을 틀림없다.

테이블 마운틴 정상의 야생화

　테이블 마운틴 정상에 오르는 길은 케이블카를 이용하는 방법과 등산으로 오르는 2가지 방법이 있는데 우리는 케이블카를 타고 올라가는 도중에 배낭을 메고 오르는 등산객들도 제법 볼 수 있었다.
　케이블카에서 내려 돌아보면서 산 정상 모양이 테이블 형태와 같은 느낌을 받았다.
　불어오는 바람은 매우 강했으며 정상에는 많은 종류의 꽃들이 예쁘게 피어 있어서 카메라가 매우 바빴다.
　정상에서 산책과 사진찍기를 하는동안은 많은 안개가 드리워져 시야가 매우 좁아지고 있었던 와중에 바람까지 세차게 불기 시작하였다.
　갑자기 안내방송이 들리고 산책하던 사람들이 급히 하산해야한다고 안내원이 핸드마이크로 바람 때문에 산책이 위험하니 속히 케이블카를 타고 하산 해야한 다고하여 조금은 아쉬웠으나 산책과 구경을 중지하고 급히 케이브카 승강장에 와보니 많은 사람들로 복잡하였다.

테이블 마운틴 정상의 야생화

잠시 승강장 내에 대기하다 케이블카를 타고 하산하는데 갑자기 케이블카가 정지하고 케이블카가 흔들려서 함께 타고 있는 승객들이 일순간 불안감이 엄습했다.

다행이 4~5분 정도 기다리니 바람이 멈춰 무사히 승강장에 도착했다. 내려와서 보니 산 아래는 바람도 없고 날씨는 쾌청해 더욱 정상에 있었던 2시간 정도가 너무 아쉬웠던 기억이었다.

다음 코스는 아프리카 최서남단에 있고 인도양과 대서양이 만나는 아프리카의 끝이라고 불리는 "희망봉"(Cape of Good Hope)으로 간다.

세상의 끝이라고 불리는 곳에 간다면 무슨 생각이 들까. 하는 궁금증도 있고 한 대륙의 끝나는 지점은 어떨까 하는 호기심이 생겼었다.

케이프타운 남쪽에 펼쳐진 해안도로를 따라 희망봉으로 향하는 길은 아주 예뻤다. 내내 펼쳐진 바다를 보며 창문 틈 사이로 들어오는 바닷! 바람에 코가 찡하고 바다 냄새를 맡는 것도 눈의 피로를 느낄 틈도 없이 그냥 참 좋았다.

희망봉등대

　버스는 희망봉의 등대가 보이는 곳에 도착하여 여기서부터 등대 있는 곳까지 도보로 올라가서 인도양과 대서양을 바라보니 가슴 뭉클함을 느끼기에 충분하였다. 이곳이 아프리카 최남단이구나 ~~~
　등대에 올라 둘러보고 잠시 명상을 한후 좀 더 가까이 산 아래로 내려와 대서양 인도양을 바라보는 것도 느낌이 좋았다.

　희망봉은 아프리카 대륙 남서쪽 케이프 반도의 끝에 있다. 이 곳을 찾는 사람들 모두 희망에 부푼 모습인듯 하다. 어두운 얼굴을 한 사람은 한사람도 보지 못했다.
　바다! 바다가 없으면 희망봉이란 이름이 무색 할 것 같고 별반 감동도 없을 듯 했다.
　끝없는 바다가 펼쳐저 있어 희망봉이 더욱 희망봉 다웠고 해안가나 옆 절벽에서 바다를 보니 가슴이 확 트이고 생동감이 절로 생겼다.

케이프타운半島 끝자락

오늘 케이프타운의 국립 식물원과 테이블 마운틴 그리고 희망봉까지 관광 일정을 무사히 끝낼 수 있어서 감사했다.

내일은 물개들이 집단 서식지인 물개섬에 들어가서 관광하는 일정이다. 1월 2일 아침 서둘러 아침을 끝내고 세세히 짐을 챙겨 Roomkey를 반납하고 호텔에 대기 중인 버스에 탑승하여 케이프타운에서의 마지막 아침 햇살을 받으면서 물개섬으로 들어가기 위해 핫베이 선착장으로 달린다.

선착장에는 물개섬으로 가려는 관광객들로 북적 인다. 출항 시간에 맞추어 유람선에 탑승하니 곧 출발이다. 약 30여분 물결을 가르며 가다보니 조그마한 바위섬위에 물개떼가 빼곡이 쉬고 있는 모습이 보인다.

물개섬이정표

물개섬 선착

정말 희귀할 정도로 많은 크고 작은 물개들로 바위섬을 꽉 메우고 있다.

우리 유람선은 이곳 주변을 돌면서 물개들의 움직이는 모습들을 보면서 연신 카메라 샷터가 바쁘게 움직인다.

물개서식지

케이프타운에서의 즐겁고 아름다운 많은 추억을 간직하고 떠나니 많이 아쉽고 섭섭한 마음이다.

많은 시간을 이곳 물개들을 관광으로 많은 시간을 보내고 출발했던 선착장으로 돌아와서 케이프타운의 아쉬운 관광 일정이었던 "키스텐보쉬 식물원" "테이블마운틴" "희망봉" 그리고 "물개섬"을 모두 끝내고 북동쪽에 있는 행정도시인 프레토리아를 향해 버스는 기나긴 시간 달려야 한다.

가는 길에 부족 국가인 "레소토 왕국"에 들렸는데 왕국은 남아공

한가운데 있는 국가로 인구 24만 명 국토면적은 약 300ha 정도의 전체 면적의 80% 가 해발 1,400m로 세계에서 평균 해발 고도가 가장 높은 것으로 알려졌다.

레소토 왕국은 "드라켄스버그 산맥"으로 둘러싸여 있는 지형적인 기후 조건으로 해발 3000m로 매우 높은 곳은 겨울철인 5월에서 9월 사이에 많은 눈이 내려 충분한 적설량으로 스키애호가들이 이곳을 많이 찾는다고 한다. 레소토 관광을 한 다음 사법부가 있는 블룸폰테인에 도착하여 몇 군데를 들려보고 바로 행정부가 있는 프레토리아에 도착했는데 두 도시는 거리가 멀지 않았다.

레소토왕국 성곽에서

이틀간의 관광을 위해 "sun city hotel & resort"에 여장을 플고 살펴보니 여가를 즐길 수 있는 여러 가지 놀이 기구들을 충분히 갖추고 있는 듯했다. 저녁 식사를 하고 긴 시간 동안 버스로 인해 매우 피곤하여 일찍 꿈속 여행을 떠났다.

다음날 리조트에서 많은 놀이 기구들을 이용하면서 즐거운 시간을 보내면서 모두가 동심으로 돌아간 듯 모두 즐겁고 해맑은 모습이었다.

해외에서 이러한 시간을 갖는다는 것이 여유로운 마음을 갖고 10여일 간의 피로를 리조트에서 해결하는 것이었다.

우리 가족은 리조트 야외 시설들을 구경도 하고 실내에서 여러 즐길 것들을 이용 하였다.

선시티 호텔

평소에 이러한 놀이기구들을 이용해본 경험이 별로 없어서 다니는 것이 내게는 너무 피곤하였다.

잠시 휴계매점에가서 음료수 아이스크림등으로 피로를 풀고 또다시 이곳 저곳 더위 때문에 주로 실내에서 많은 시간을 보낸 것 같다.

다음날도 이곳 리조트에서 많은 시간을 함께했는데 새로운 재미는 리조트 내(內)에 있는 큰 호수 부둣가에 가서 유람선을 타고 유람선 관광을 한 것이 기억에 남는다.

요즘 우리나라 놀이동산들도 훌륭한 시설을 갖추고 있지만 17년 전의 당시 "썬씨티 리조트"는 가히 일품이라고 생각된다.

유람선 선착장과 유람선 선실

다음날 선시티 호텔에서 짐들을 빠트림 없이 잘 챙겨야하는데 오늘이 남아프리카 4개국 여행 마지막 마무리하고 긴 여정을 끝내는 날이기에 신경을 써야 했다.

짐을 버스에 싣고 아쉬움을 뒤로 하고 요하네스 공항으로 달려 간다.

돌아오는 경로도 올때와 같이 비행기는 홍콩을 경유해서 인천공항에 무사히 착륙하여 14일동안 즐겁게 함께한 분들과 아쉬운 작별 인사를 나누고 긴 여정을 무탈하게 마무리하게 되어 함께 했던 안내원에게 매우 고맙고 수고많았다는 인사를 나누고 긴 여정을 마무리 했다.

끝으로 금강산,백두산 여행으로 우리나라 명산들을 보고 이어서 해외의 자연이 온전히 보존되고 있는 북유럽 여행에서는 거의 인간의 손길에서 벗어난 곳, 남아프리카 여행에서도 느끼는 나의 감정은 매우 즐겁고 평온한 마음을 느끼게 해주는 것이 바로 환경이 대단히 중요함을 알게 되는 계기가 되었고 앞으로 나의 삶은 환경을 크게 고려해야될 것 같다는 생각이 확고해 졌다.

이번 4번의 여행을 계기로 퇴직후 앞으로 거주할 환경을 찾아 제2의 인생을 강릉에서 찾게 되는데 "문화와 예술"이 있고 "바다와 숲"이 함께하며 "강과 산"이 어우러진 예향의 도시인 강릉에 정착하는데 큰 영향을 받게 되었던것 같다.

감사합니다.

여행지와 유사점을 공유한 강릉

바다

산

숲과바다

문화

강

솔숲

추억의 앨범

1. 가족
2. 4 형제
3. 삼성 리드후레임
4. 삼성 삼부회
5. 강릉 원주대학원
6. 지하도 벽화
7. 현대 Ceramic 동료
8. 대학 친구
9. 강릉 문학 활동

우리 가족

(中央, 父親) 1962년 양지초교장

형제

4형제 가족

삼성 리드후레임 파트장

추억의 앨범 | 199

삼성삼부회회원

강릉원주대학원 원우

지하도벽화기념식

SK Ceramic 패캐지동료

대학동창심우회원

신민숙시인 문학 활동

추억의 앨범 | 211

반도체와 함께한 30년

인 쇄	2025년 4월 8일
발 행	2025년 4월 10일

지은이	이 원 재
전 화	010-7661-6253
이메일	wjlee222@hanmail.net

펴낸이	홍 명 수
펴낸곳	성원인쇄문화사
출판등록	강릉2007-5
주 소	강원특별자치도 강릉시 성덕포남로 188
대표전화	(033)652-6375 / 팩스 (033)652-1228
이메일	6526375@naver.com
ISBN	979-11-92224-44-2

· 값은 뒤표지에 있습니다. 잘못 만들어진 책은 구입하신 서점에서 교환해 드립니다.
· 저작권법에 의해 보호받는 저작물이므로 저자와 출판사의 동의없이 전부 또는 내용의 일부를 인용하거나 발췌하며 사용하는 것을 것을 금합니다.
· 이 도서는 강원특별자치도, 강원문화재단 후원으로 발간되었습니다.